Steven E. Kuhn/Frank Nordhausen
Soldat im Golfkrieg

Steven E. Kuhn
Frank Nordhausen

Soldat im Golfkrieg

Vom Kämpfer zum Zweifler

Ch. Links Verlag, Berlin

Die Fotos in diesem Buch stammen mehrheitlich aus dem Privatarchiv von Steven E. Kuhn. Andere Quellen sind in den Bildlegenden ausgewiesen.

Die Deutsche Bibliothek verzeichnet diese Publikation
in der Deutschen Nationalbibliographie;
detaillierte bibliographische Daten sind im Internet über
http://dnb.ddb.de abrufbar.

1. Auflage, April 2003

Schönhauser Allee 36, 10435 Berlin, Tel.: (030) 44 02 32-0
www.linksverlag.de; mail@linksverlag.de
Umschlaggestaltung: KahaneDesign, Berlin
unter Verwendung eines Privatfotos von Steven E. Kuhn
Satz: Ch. Links Verlag, Berlin
Lithos: Uwe Friedrich, Berlin
Druck- und Bindearbeiten: Friedrich Pustet, Regensburg

ISBN 3-86153-299-9

Für Media

TÜRKEI
Malatya
Batman
Urfa
Tabriz
Kaspisches Meer
Maragheh
Zanjan
Zakho
Tall Uwaynat
Aqrah
Tall Afar
Mosul
Arbil
Al Badi
36°
SYRIEN
Sulaymaniyah
IRAN
Deir ez Zôr
Ash Sharqat
Kirkuk
Halabjah
Baiji
Tuz Khurmatu
Tadmor
Hamadan
Abou Kemal
Euphrat
Tigris
Khanaqin
Kermanshah
Samarra
Al Hadithah
IRAK
Baqubah
Bagdad
Ar Ramadi
33°
Ar Rutbah
As Suwayrah
Karbala
Al Musayyib
JORDA-NIEN
Al Kut
Dezful
Al Hayy
Nukhayb
An Najaf
Al Amarah
As Samawah
An Nasiriyah
Ahvaz
Euphrat
As Salman
Basra
Abadan
Al Busayyah
nördliche Flugverbotszone
südliche Flugverbotszone
Staatsgrenzen
Distriktgrenzen
KUWAIT
Al Kuwait
Persischer Golf
SAUDI-ARABIEN
0
100
200
300 km

Es war fast dunkel, als ich auf den Feind traf. Ein riesiger Lastwagen raste auf mich zu. Was für ein Wagen ist das, verdammt? Ich riss mein Gewehr hoch, dann sah ich die arabische Schrift auf dem Laster und leerte mein Magazin. Ich war blind vor Angst. Ich hörte, wie die anderen schossen. Dann kam der Knall der Granaten. Das Fahrzeug explodierte in einem Feuerball. Plötzlich fühlte ich mich, als ob ich schwebe. Allmächtig. Unbesiegbar.

In dieser und auch der folgenden Nacht habe ich kein Auge mehr zugetan. Am Morgen des 27. Februar 1991, es war der Tag nach der Schlacht, stand mein Bataillon zweihundert Kilometer tief im Irak am Rand eines ausgetrockneten Flussbettes. Der Feind hatte seine Stellungen geräumt. Schwarzer Rauch hing in der Luft, zerschossene Panzer und Jeeps qualmten. Unsere Armee, die stärkste der Welt, rückte an diesem Tag noch ein paar Stunden lang vor, bis wir in Sichtweite der Stadt Basra zum Stillstand kamen. Zwei Tage hatte der Golfkrieg für mich gedauert, dann war Schluss.

Wir dachten damals, irgendwann geht es sicher weiter. Aber dann hieß es, Kuwait ist befreit, der Krieg ist vorbei. Das war, als hätte man uns den Strom abgeschaltet. Wir mussten zusehen, wie Saddams Truppen die Schiiten in Basra abschlachteten, aber wir durften nichts tun. Es war kaum auszuhalten. Ich fühlte eine unglaubliche Ohnmacht in mir.

Damals ahnte ich noch nicht, dass dieses Gefühl nicht mehr vergehen würde. Seit dem Golfkrieg spüre ich diese innere Leere. Als ob etwas fehlt. Als ob ich etwas nicht richtig gemacht habe und es auch nie mehr richtig machen kann. Und weil mich dieses Gefühl quält, habe ich mich für den Irak-Krieg wieder als Reservist gemeldet. Um die Sache zu Ende zu bringen.

Ob ich wirklich kämpfen würde, wenn sie mich holten, bezweifle ich inzwischen. Denn eigentlich bin ich gegen den neuen Krieg. Ich kann nicht glauben, dass es wirklich um die Menschen und nicht um strategische Interessen und das Öl geht. Auch nicht um das Gefühl einer ganzen Armee, versagt zu haben. Damals, im Frühjahr 1991.

Harrisburg, Pennsylvania

Mein Name ist Steven Eugene Kuhn. Sieben Jahre lang hieß ich nur Sergeant Kuhn. Ein Soldat fragte mich mal in der Kneipe: »Kuhn, wie ist eigentlich dein Vorname?« Ich antwortete: »Sergeant.« So ist das bei der Armee. Bei der US-Army.

Ich war ein Vorzeigesoldat. Ich sah immer tipptopp aus. Hatte messerscharfe Bügelfalten. Meine Ausgehuniform besitze ich noch, mit all den Orden und Abzeichen. Saudi-Arabien. Kuwait. Die Tapferkeitsmedaille. Jetzt bin ich schon lange kein Soldat mehr. Ein Jahr nach dem Golfkrieg habe ich den Dienst quittiert. Damals hatten sie mich nach Berlin versetzt, zu dieser Showbrigade mit den polierten Panzern. Da dachte ich, das ist nichts mehr für mich.

Geboren wurde ich am 30. Mai 1967 in Harrisburg, Pennsylvania. Ich habe einen Zwillingsbruder, eine Schwester, viele Cousinen und Cousins. Wir sind eine große Familie, halb deutsch, halb italienisch. Es ist schon seltsam, dass ich jetzt ausgerechnet in Deutschland lebe. Die Mutter meiner Mutter war eine Deutsche, die nach Amerika ging. Auch Kuhn, der Familienname meines Vaters, ist ein deutscher Name. Mein Vater ist eher italienisch geprägt, aber seine Vorfahren stammen aus dem Rheinland und sind 1702 nach Amerika ausgewandert. Sie haben im Unabhängigkeitskrieg für Amerika gekämpft, im Bürgerkrieg für den Norden.

Ich habe die Fotos meiner Großeltern, meiner Eltern, meiner Geschwister und ihrer Partner, meiner Onkel und Tanten, Cousins und Cousinen auf das Sims in meinem Zimmer in Berlin gestellt. Das ist typisch amerikanisch. Die Bilder schaue ich mir immer wieder an. Ich glaube, ich bin ein ziemlich melancholischer Typ.

Zur Army ging ich damals, weil ich aus Harrisburg weg wollte. Zu jener Zeit wohnten wir in einem Trailer, einem Mobile Home. Meine Mutter arbeitete tagsüber als Sekretärin bei der Staatsanwaltschaft und abends als Barkeeperin. Viel gesehen habe ich sie nicht. Sie war ehrgeizig. Wollte etwas aus sich machen. Sie hat nebenbei noch ein Fernstudium zur Chefsekretärin absolviert. Nach ihrem Tagesjob kochte sie für uns, bevor sie zu ihrem Nachtjob ging. Mom musste für uns alle sorgen. Sie war ja die meiste Zeit alleine mit uns drei Kindern, mit mir, meinem Zwillingsbruder Scott und meiner ein Jahr älteren Schwester Shelley. Es war ein verdammter Überlebenskampf.

Meine Mutter hat eine lose Zunge, sie ist sehr selbstbewusst und schlagfertig. Ich habe immer gewusst, dass sie mich liebt, und sie wusste, dass ich sie liebe, aber wir haben uns das nie gesagt. Bis heute nicht. So reden wir nicht zu Hause. Ich weiß, dass ich ihr viel zugemutet habe, die Army, Deutschland, den Krieg – sie hat immer gesagt, Junge, komm zurück nach Harrisburg, hier ist dein Zuhause. Wenn ich daran denke, bekomme ich ein schlechtes Gewissen. Ich sehe sie ungefähr einmal im Jahr, es ist jedesmal ein Fest, und während ich hier in Berlin lebe, wächst meine Sehnsucht nach ihr.

Mein Vater hat sie verlassen, als ich drei Jahre alt war. Sie war ein paarmal verheiratet, und wir haben mit ihren Männern gelebt. Dauernd zogen wir um. Wir lebten mal in einem Haus, mal in einer Mietwohnung, mal im Trailer. Einmal zog meine Mutter spontan zu einem Mann, der Junggeselle war. Plötzlich hatte der drei Kinder auf dem Hals! Meine Mutter gehört wirklich zu den Menschen, die immer das tun, was sie wollen. Und sie weiß genau, was sie will.

Für uns Kinder war das nicht immer einfach. »Steven Eugene Kuhn«, höre ich sie noch heute sagen, »du machst das jetzt, keine Widerrede!« Sie arbeitete Tag und Nacht und musste zu Hause noch mit uns drei kleinen Idioten klarkommen, die ihr dauernd Ärger machten. Auch meine Schwester Shelley war kein Engel, aber sie konnte es besser verbergen. Sie kam meistens glimpflich davon und hatte ein besseres Verhältnis zu Mom als wir zwei Jungs.

Heute weiß ich, was ich meiner Mutter verdanke. Ohne sie wäre ich nicht das geworden, was ich bin. Ich verdanke ihr vor allem meine Durchsetzungskraft. Als ich sieben Jahre alt war, hat mich mal ein Mädchen auf dem Spielplatz geschlagen. Sie war vierzehn, eine richtige Großstadtgöre. Ich rannte sofort zu Mom und beklagte mich. Da ging sie mit mir zu dem Mädchen und sagte zu mir: »Schlag zurück.« Es war das erste Mal, dass ich zugeschlagen habe. Das Mädchen ging zu Boden und bekam ein blaues Auge. Sie hat mich nie wieder angerührt.

Wir wohnten ganz in der Nähe des Atomreaktors von Three

Steven Kuhn mit seinem Zwillingsbruder Scott (links).
Aufnahme aus dem Jahr 2002.

Mile Island. In der Schule konnten wir die Kühltürme vom Fenster aus sehen. Als der Reaktor 1979 durchbrannte, heulten die Sirenen wie die Hölle. Die ganze Gegend wurde evakuiert. Es war das totale Chaos. Uns Kinder brachten sie direkt von der Schule mit Bussen hundert Kilometer weit aus der Stadt. Mein damaliger Stiefvater musste dann die ganze Strecke fahren, um mich abzuholen. Er war ein harter Typ, Eishockeyspieler und Teppichverkäufer, der immer mit perfektem Seitenscheitel herumlief und sich toll fand. Er sagte damals: »Wir bleiben in der Stadt. So schlimm wird es schon nicht sein.«

Es war bizarr. Wir lebten eine Woche lang wie in einer Geisterstadt. Alle Leute aus der Nachbarschaft waren geflüchtet. Wir waren als einzige geblieben. Wenn wir ins Freie gingen, hielten wir uns die Hand vor den Mund, beim Rasenmähen zum Beispiel. Damals entwich mehrfach radioaktive Abluft aus dem Reaktor. Ob sie in unsere Richtung wehte, ist auch später nie untersucht worden, soviel ich weiß. Ich war damals dreizehn Jahre alt. Natürlich hatte ich Angst. Aber was sollte ich tun? Nach einer Woche kamen die Nachbarn zurück, und das Leben ging weiter.

Später erkrankten viele Menschen, die Zahl der Krebsfälle stieg an, aber das wurde mehr oder weniger unter den Teppich gekehrt. Amerikaner neigen dazu, schnell zu vergessen. Wenn die nächste Sensation kommt, denkt man nicht mehr an die vorige Katastrophe.

Der eine Typ, mein damaliger Vater oder wie man ihn nennen will, wohnte vier Jahre mit uns in einem Trailer. Er war Alkoholiker. Was auch passierte, er fand es Scheiße. Er hat uns auch geschlagen. An ihn erinnere ich mich gut, weil ich damals zwischen vierzehn und achtzehn war und alles sehr bewusst miterlebte. Ich kam mir immer so machtlos vor, so wehrlos. Ausgeliefert.

Irgendwann prügelten wir uns nachts um drei. Er war betrunken, schlug die Scheibe des Waffenschranks ein und griff sich eine Pistole. Ich war aber ebenso schnell, und plötzlich standen wir uns gegenüber und hatten beide die Waffen gezogen, wie im Western. Danach hat er mich nicht mehr angerührt. Meine Mutter war fassungslos. Sie brüllte ihn an: »Jetzt reicht's«, und gab ihm kurz darauf den Laufpass. Damals zogen wir aus dem Trailer in eine Mietwohnung. Wenig später ging ich zur Army.

Ich würde sagen, wir waren eine typisch amerikanische Familie. Viele meiner Freunde sind genauso aufgewachsen. In Amerika ist es anders als in Deutschland. Wenn du nicht aufpasst, liegst du schnell am Boden.

Wir Kinder haben dauernd Unsinn gemacht. In der dritten Klasse sind mein Zwillingsbruder Scott und ich eine Woche lang täglich abends in unsere Schule eingebrochen und haben Eis und andere Süßigkeiten aus der Kantine geklaut. Das flog nur auf, weil ich meinen Mund nicht halten konnte und damit herumprahlte. Die Polizei führte uns in Handschellen ab. In der dritten Klasse!

Einmal tauchte meine Mutter in der Schule auf, weil wir wieder mal beim Schwänzen erwischt worden waren. Sie kam in unsere Klasse, stürmte auf uns zu und zog uns beide an den Ohren hinaus. Später bin ich zweimal von der Schule geflogen. Ich war renitent, hatte eine verflucht große Fresse und hatte vor allem ein Problem mit der Autorität. Das haben sie mir bei der Army später ausgetrieben.

Immerhin konnte ich auf die Highschool gehen. Mit Ach und Krach habe ich sie schließlich geschafft. Scott war eine Klasse weiter, weil ich einmal sitzen geblieben war. Interessiert haben mich Fotografie, Zeichnen, Malen, darin war ich gut. Und Geschichte. Über den amerikanischen Bürgerkrieg und Abraham Lincoln wusste ich alles, jede Schlacht, sämtliche Generäle.

Als »Star Wars« im Kino lief, strömten alle dorthin, die andern Kinder, auch mein echter Vater, den wir alle zwei Wochen sonntags acht Stunden lang sahen. Ich sagte zu ihm: »Dad, ich will aber lieber den Film über Abraham Lincoln gucken.« Da hatte er keine Wahl. Geschichte fasziniert mich bis heute. Auch über Deutschland im Zweiten Weltkrieg kannte ich mich damals schon aus. Vor allem in der Geschichte der Schlachten.

Ich habe viel von meinem Vater – den Wagemut, den Willen, immer wieder neu anzufangen. Mein Vater war rastlos, er arbeitete als Tankwart, Mechaniker, als Büroangestellter, schließlich versuchte er, sich selbständig zu machen. Vor zehn Jahren kaufte er eine Gebäudereinigung; leider stellte sich heraus, dass der Verkäufer die Firma noch drei weiteren Leuten angedreht hatte. Er verlor seine gesamten Ersparnisse. Jetzt ist er Immobilienmakler.

Mein Vater ist ein cooler Typ, immer gut gekleidet, er kann Leute beeindrucken. Er versucht, stets die positive Seite des Lebens zu sehen. Ich mag ihn. Früher habe ich ihn bewundert. Als sie mich mal wieder von der Schule werfen wollten, erschien er im Nadelstreifenanzug bei meinem Lehrer und zog vom Leder: »Meinen Sohn schmeißt ihr nicht raus, sonst kriegt ihr's mit mir zu tun.« Er hat sich für uns eingesetzt, das hat mir imponiert. Er war eher wie ein Kumpel. Das ist er heute noch.

Als Jugendliche wussten wir nicht viel mit uns anzufangen. Es lief immer das Gleiche: Saufen, Drogen, Feiern, Football, Schlägereien. Leider hatte ich kein Glück bei den Mädchen. Es gab zwar viele Freundinnen zum Reden und Rumhängen, aber es blieb meist bei der bloßen Freundschaft. Ich habe auch schon Geld verdient, als ich noch zur Schule ging. Als Tankwart, Gärtner, Kassierer und Tellerwäscher in einer Autoraststätte.

Obwohl ich sitzengeblieben war, hingen mein Bruder Scott und ich immer zusammen. Wir sind gemeinsam ausgegangen, wir hatten die gleichen Freunde und wir waren selbst die besten Freunde. Einmal hat Scott mir sogar seine Freundin ausgeliehen. Sie hat so getan, als ob sie es nicht merkte. Scott hatte viel mehr Glück bei den Frauen. Alle dachten, er sei mein großer Bruder und älter als ich, weil er eine Klasse weiter war. Das passte mir nicht. Aber bis heute denke ich, er ist wie ein Teil von mir.

Trotzdem waren wir auch die härtesten Rivalen und haben immer konkurriert. Seitdem ich bei der Army war, achtete ich sehr auf mein Aussehen. Scott lief erst noch eine Weile schlampig herum, bis er später auch mit den coolen Klamotten anfing. Heute ist er superpenibel und so was von eitel, dass man es kaum fassen kann. Wenn wir beide gute Anzüge anhaben und gemeinsam ein Restaurant betreten, drehen sich sofort sämtliche Köpfe zu uns um. Alle denken, wir sind irgendwelche Prominenten – wegen unseres Auftretens und unseres Äußeren: groß und stark wie Footballspieler, Kopf hoch, Brust raus, Selbstbewusstsein bis zum Äußersten. Scott ist genauso gut trainiert wie ich.

Ich wollte immer hart sein. Bis wir fünfzehn waren, spielte ich mit meinem Bruder das Spiel, wer den stärksten Schmerz aushält. Wir haben uns mit Stöcken geschlagen, an die wir Draht gebunden hatten, bis wir bluteten. Wenn ich heute darüber nachdenke, dann ist mir das alles sehr fern. Es war ein anderes Leben. Wäre ich in Harrisburg geblieben, würde ich wahrscheinlich immer noch an der Tankstelle stehen. Mein Vater sagte später zu mir, er sei sich sicher gewesen, dass ich die Army nicht packe.

Zehn Tage nach meinem Schulabschluss, ich war gerade neunzehn geworden, ging ich zur Army. Gemeldet hatte ich mich bereits ein Jahr zuvor. Mein Bruder Scott hatte sich auch beworben, aber ihn haben sie nicht genommen, weil er einen Herzfehler hat. Heute ist er Hypothekenmanager in Amerikas ältester Privatbank, hat eine unglaublich schöne Frau und verdient ein Heidengeld. Kinder hat er keine, genau wie ich. Sein Schwiegervater war früher der Chef des Atomkraftwerks in Harrisburg, Verwandte von uns arbeiten noch heute dort. Sie haben damals ja nur einen Block abgeschaltet, die anderen laufen weiter. Wie in Tschernobyl.

Als ich mich im Rekrutierungsbüro der US-Army vorstellte,

Vater Stanley Kuhn gratuliert seinem Sohn zum Highschool-Abschluss 1986 in Harrisburg.

musste ich bestimmte Dinge schwören. Zum Beispiel wird man gefragt, ob man jemals Drogen konsumiert hat. Darauf darf man nur antworten: »Ich habe mal damit experimentiert.« Das habe ich auch gesagt. Zum Glück machte ich alles richtig. Ich wollte unbedingt weg, raus aus Harrisburg. Raus aus dem Elend. Ich wollte etwas aus mir machen. Die Welt sehen. Wahrscheinlich geht es achtzig Prozent der amerikanischen Soldaten wie mir. Man steckt im Sumpf, man sieht keinen Ausweg, hat nur Teilzeitjobs und null Perspektive. Wie willst du sonst da rauskommen?

In Amerika Soldat zu sein, ist außerdem das Größte. Soldaten sind sehr angesehen. Wenn ich in meiner Ausgehuniform unterwegs war, bekam ich immer etwas umsonst, oder die Leute sprachen mich an und sagten, dass sie mich bewundern, weil die Army unsere Freiheit schützt. Die meisten Amerikaner denken so, wir sind so erzogen worden. Man sieht die Soldaten in ihrer schicken Uniform auf der Straße, man sieht sie im Fernsehen, das hat Bedeutung.

Als ich bei der Army anfing, habe ich keine Sekunde daran gedacht, wirklich in den Krieg zu ziehen. Innerlich war ich immer fest davon überzeugt, dass die Army vor allem dazu da sei, Menschen zu helfen. Deshalb sind wir ja in andere Länder gegangen. So dachte ich damals. Seit ich acht Jahre alt war, wollte ich Soldat werden, eigentlich bei der Navy. Das fand ich cool. Das weite Meer, die modernen Schiffe, damit wurde ja immer geworben.

Dann saß ich im Rekrutierungsbüro in Harrisburg und musste mich für eine der vier Abteilungen entscheiden, Luftwaffe, Army, Navy oder die Marines, die Bodentruppen der Navy. Ich saß da und wartete auf den Navy-Typ, aber der erschien nicht. Ich wartete eine halbe Stunde, eine ganze Stunde, und dann kam der Army-Typ vorbei, in seiner blauen Uniform, mit all den Orden, und er sagte zu mir: »Komm doch einfach mal gucken, was wir zu bieten haben.« Fünfzehn Minuten später verließ ich sein Zimmer und hatte das erste Formular unterschrieben. Der Rekrutierer der Navy war später sauer. Weil ich damals erst siebzehn war, musste meine Mutter auch ihre Unterschrift leisten. Sie hat es freudig getan, weil sie es weiß Gott nicht leicht mit mir hatte. Leider musste ich noch mehr als ein Jahr warten, bis es endlich losging.

Ursprünglich hatte ich mich für die Fallschirmspringer eingeschrieben. Aber an jenem Tag im Juni 1986, als ich zur Army-Grundausbildung fliegen sollte, kam mir ein winziges Problem dazwischen. Weil ich eine Strafe für den illegalen Besitz von Alkohol als Minderjähriger nicht bezahlt hatte, durfte ich den Staat Pennsylvania nicht verlassen und verpasste mein Flugzeug. Als ich am nächsten Tag alles geregelt hatte, sagten sie plötzlich zu mir: »Du wirst jetzt Panzersoldat!« Da war ich bedient und hatte überhaupt keine Lust mehr. Ich wusste damals allerdings nicht mal, was ein richtiger Panzer ist. Aber ich war eingeschrieben, es gab kein Zurück. So wurde ich also Panzersoldat.

Fort Knox, Kentucky

Wir Rekruten aus Harrisburg wurden damals zur Grundausbildung nach Fort Knox in Kentucky gebracht, mitten in der Prärie. Dort liegt die Goldreserve der USA, aber es ist auch eine

Sammelstelle für die frisch Eingezogenen. Tausende von Soldaten sind in Fort Knox untergebracht. Man wohnt mit fünf Kameraden in einem Zimmer, steht um vier Uhr morgens auf und geht abends um zehn ins Bett. Man kriegt eine Uniform, einen Haarschnitt und die Hundemarken, die Army-Abzeichen. Ich bekam sofort Probleme. Anfangs glaubte ich nicht, dass sie es mit ihrer Disziplin und dem Gehorsam so ernst meinten, aber das habe ich sehr schnell begriffen.

Zu der Zeit trug ich die Haare noch bis zu den Schultern. Ich hatte schlechte Manieren, war ein Großmaul und ahnte nicht im mindesten, was mich erwartete. Es war Wochenende, der Friseur hatte geschlossen. Wir liefen da herum mit unseren langen Haaren und ohne Uniform, und sofort fingen die ersten Pöbeleien an. Damals habe ich Jeff Hanson kennen gelernt, den besten Freund, der mir je begegnet ist. »Hallo Süßer«, rief er und pfiff mir hinterher. Ich ging sofort auf ihn los. Wir haben uns geprügelt. So begann unsere Freundschaft.

Die Grundausbilder in Fort Knox hänselten mich wegen meiner Haare eine Woche lang. »Du langhaariger Hippie«, so ging das die ganze Zeit. Der Psychoterror fing gleich am Anfang an. »Ist hier jemand aus Pennsylvania?«, rief der Ausbilder. Ich hob den Arm. Er brüllte: »Ich hasse die Leute aus Pennsylvania!« Heute kann ich darüber lachen, aber damals war es bitter.

Die fünf Monate in Fort Knox waren hart. Mit Gepäck marschieren, ohne Gepäck marschieren, im Jogginganzug, im Giftgasanzug, mit Maske, ohne Maske, Stiefel putzen, Zimmer putzen. Jeden Tag zwanzig Kilometer joggen, man musste überhaupt dauernd rennen, immer in Bewegung bleiben, zum Essen, zum Klo – und das bei hundert Prozent Luftfeuchtigkeit und tropischen Temperaturen!

Es war Drill ohne Ende. Dauernd wurde man angebrüllt. Wir lernten, wie man Befehle annimmt, wie man salutiert, wie man die Uniform anzieht, was die Dienstgrade bedeuten. Anfangs musste ich bestimmt dreihundert Liegestütze am Tag machen, denn bei jedem Fehler bekam man zwanzig bis dreißig davon aufgebrummt. Nachts habe ich oft nur drei Stunden geschlafen, so viel gab es zu tun.

In Fort Knox lernte ich aber, mir Ziele zu setzen und sie zu erreichen. Wenn ich mir etwas nur fest vornahm und meinen Kopf

Gefreiter Kuhn während der Grundausbildung in der Rekrutenschule von Fort Knox 1986.

benutzte, dann ging es auch. Ich habe später nie wieder daran gezweifelt, dass ich das schaffen kann, was ich will. Das hat mir die Army beigebracht.

Vor allem wurde ich in diesen fünf Monaten zum Panzersoldaten ausgebildet. Fahrer, Nachlader, Schütze, Kommandant, all diese Funktionen habe ich in Fort Knox gelernt. Sie brachten uns bei, wie man schießt, aber auch, wie der Panzer funktioniert und wie man ihn repariert. Du musst in der Lage sein, alles selbst zu machen, musst wissen, wie man den Motor ausbaut, wie man die Bordkanone wartet. Obwohl wir mit älteren M-1-Panzern trainierten, war es ziemlich kompliziert. Aber ich wurde ein guter Panzersoldat.

Außerdem mussten wir alle russischen Dienstgrade, Autos, Geschütze, Panzer lernen, es herrschte ja noch der Kalte Krieg. Politischen Unterricht oder Geschichte gab es dagegen nicht. Nur Geschichte der Army. Eines hat man uns immer klar gesagt: »Ihr seid keine Politiker, sondern Soldaten. Ihr kriegt einen Befehl, und dann gehorcht ihr!«

Manch einer kommt mit dem Drill nicht klar. Es passiert immer wieder, dass sich Rekruten die Adern aufschneiden, aus dem Fenster stürzen oder Schlägereien mit den Ausbildern anfangen, um rausgeworfen zu werden. Denn es ist nicht so einfach, die Army wieder zu verlassen, wenn man einmal unterschrieben hat. Schließlich ist es eine Freiwilligenarmee. Wenn du drin bist und damit nicht klarkommst, dein Pech. Mitleid kannst du nicht erwarten.

So merkwürdig das klingt – für mich war Fort Knox wie eine Offenbarung. Ich fand bei der Army eine echte Aufgabe. Einen Sinn für mein Leben. Etwas für mein Land tun, die Freiheit verteidigen, die westlichen Werte beschützen – das waren Ziele, für die es sich zu leben lohnte. Als ich das begriffen hatte, wollte ich der beste Soldat werden, den es in der Army je gegeben hatte. Es gefiel mir, meinen Körper bis zum Äußersten zu treiben und die gesetzten Ziele zu erfüllen. Ich mochte diese militärische Struktur, die meinem Leben ein Gerüst gab. Bis heute denke ich, dass meine Zeit bei der Army das erste und einzige Mal in meinem Leben war, wo ich klar wusste, wofür ich lebe.

Die meisten Rekruten hatten sich wie ich für vier Jahre zur Army verpflichtet. Natürlich habe ich damals niemandem erzählt, wie und wo ich aufgewachsen bin. Fast alle kamen zwar aus ähnlichen sozialen Verhältnissen, aber man hielt sich besser bedeckt. Schwarze gab es auch, allerdings kaum jemanden aus der Oberschicht. Das hängt mit dem Test zusammen, den jeder Rekrut absolvieren muss. Je nach Punktzahl wird man dann für bestimmte Jobs eingeteilt. Ich hatte eigentlich ein gutes Ergebnis erzielt, aber ich wurde trotzdem nur für die Panzer genommen. Weil ich dieses kleine Problem mit dem Strafzettel hatte.

Als ich nach Fort Knox kam, war ich ein pummeliger, übergewichtiger Junge mit 110 Kilo Gewicht. Fünf Monate später kam ich zum Urlaub nach Hause und wog nur noch 85 Kilo. Das erste, was ich in Harrisburg tat, war mein Zimmer zu entrümpeln und zu putzen. Das Bettlaken zog ich so straff, dass eine Münze hochsprang, wenn man sie drauf warf. Meine Mutter erkannte mich kaum wieder. Sie sagte: »Wow, du bist ja ein ganz anderer Mensch geworden!« Sie freute sich, weil sie merkte, dass ich plötzlich etwas im Leben erreichen wollte.

Mein Bruder war damals Barkeeper, das gefiel ihr nicht so gut. Ich hatte ihn in Fort Knox sehr vermisst, aber wir stellten fest, dass wir eine feste stille Verbindung besaßen. Sie funktioniert bis heute. Ich muss nur an ihn denken, prompt ruft er an. Wir haben auch immer den gleichen Kleidungsstil und die gleiche Frisur, ohne dass wir uns etwa absprechen würden. Scott war stolz darauf, dass ich es bei der Army gepackt hatte. Meine neuen Eigenschaften färbten bald auf ihn ab. Er wurde ehrgeizig, und seitdem versuchen wir immer, uns gegenseitig zu übertreffen. Mal ist der eine vorn, mal der andere.

Zehn Tage dauerte mein Urlaub. Meine Mutter und Scott sollte ich erst zweieinhalb Jahre später wiedersehen.

Gelnhausen, Deutschland

Im Oktober 1986 schickte mich die Army nach Gelnhausen in Hessen. Als wir in Frankfurt landeten, erwartete ich, dass es dort aussieht, wie ich es aus dem Fernsehen kannte, also Fachwerkhäuser und Leute in Lederhosen. Aber dann gab es all die Hochhäuser, und ich dachte: Das ist Deutschland? Anschließend fuhren wir an einer Kleingartenkolonie vorbei und mussten lachen. So arm waren die hier? In solchen Hütten lebten die Leute? Ja, so dumm waren wir.

Gelnhausen entsprach schon eher meiner Vorstellung. Dort ist es wunderschön, lauter Fachwerk, Giebel, Brunnen, wie auf einer Postkarte sieht's da aus. Ich habe mich sofort wohl gefühlt. Das war Deutschland, genau das. In Gelnhausen leben ungefähr 20000 Leute, sie nennen ihren Ort auch Barbarossastadt, weil Kaiser Barbarossa die Stadt vor 800 Jahren gründete. In Städten mit Kasernen werden die Soldaten normalerweise gehasst, weil sie immer besoffen sind und Schlägereien anzetteln. Aber die Leute aus Gelnhausen mochten uns, und ich mochte Gelnhausen.

Wir wurden in einer amerikanischen Kaserne untergebracht, in der rund 1300 Soldaten aus vier Bataillonen mit ihren Familien lebten. Unsere Häuser lagen wunderschön an einem Hang, man konnte die Felder, Wiesen und Wälder sehen. Es war zwar komfortabler als in Fort Knox, weil wir zu zweit in einem Raum lebten. Aber die Zimmer waren winzig, boten gerade Platz für zwei Betten und zwei Schränke. Bei der Army lernt man, sich zu beschränken. Alles, was ich besaß, passte damals in einen Seesack.

Als ich gerade zwei Monate in Gelnhausen war, wurde auch Jeff Hanson zu meinem Bataillon versetzt. Jeff war kein Panzersoldat, sondern Scout, also Späher. Er war auch ein sehr guter Soldat, zackig, er wurde sogar früher als ich zum Sergeant befördert. Aber das Soldatische war nur die eine Seite seiner Persönlichkeit. Jeff war ein ziemlich ungewöhnlicher Typ. Wir saßen eines Abends in der Kaserne herum, als er durch die Tür kam und alle Blicke auf sich zog. Er hatte sich die Augenlider geschminkt. Er liebte es zu provozieren.

Jeff war damals noch schlank, drahtig, dunkelblond, ein echter Frauentyp. Er kommt aus Kalifornien und wirkt auch sehr kalifornisch. Er hatte diesen frechen, provozierenden Blick und immer etwas längere Haare als wir anderen. Er war lustig, ein bisschen verrückt, schlagfertig. In Fort Knox konnten wir nicht viel miteinander anfangen, aber in Gelnhausen verstanden wir uns auf Anhieb. Wir spielten dieses Spiel: Wer ist cooler? Im Lauf der Zeit wurden wir unzertrennlich und haben dann zusammen gedient bis zum Golfkrieg.

Als ich später mit ihm einmal nach Fürstenau bei Osnabrück fuhr, gingen wir abends in eine Dorfdisco. Da tauchten drei bis vier riesige Jungs auf, die anfingen, uns anzupöbeln. Ich war bereit, mich zu prügeln, aber Jeff, der viel kleiner und schmaler war als ich, hatte keine Lust dazu. Was hat er gemacht? Er quatschte und quatschte, bis er die Dorfjungs zum Lachen brachte. Er hat solchen Blödsinn geredet!

Aber es funktionierte. Er sagte zu mir: »Steve, warum soll ich kämpfen, wenn es auch anders geht?« Ich habe mir das irgendwann zum Vorbild genommen. Jeff war einfach cool. Genau genommen ist er heute noch cool, auch wenn's ihm inzwischen schlecht geht.

Mit Jeff habe ich nie zusammengewohnt, weil er ja nicht zu den Panzerfahrern gehörte. Die Leute in meinem Zimmer wechselten, aber mit keinem verstand ich mich wie mit Jeff. Da war zum Beispiel Dave aus Florida, ein richtiger Country-Typ mit Südstaatenakzent, der war schon über dreißig, mit dem konnte man gut trinken und feiern. Ein Jahr lang sind wir oft am Wochenende zusammen ausgegangen. Damals sagte der Sergeant

Major, mein Vorgesetzter: »Pass ein bisschen auf, mit wem du Umgang hast – es könnte abfärben.«

Ich nahm das nicht weiter ernst. Aber Dave hat an seinem letzten Tag bei der Army, bevor er austrat, meine besten Sachen geklaut, meine Sakkos, coole Hemden, all so was. Ich war total traurig, dass ein Freund mein Vertrauen auf diese Weise missbrauchte. Deshalb habe ich ihm nie geschrieben. Zehn Jahre später war ich mal in seiner Gegend und rief ihn an: »Hey Dave, ich bin in Florida, nur zehn Kilometer entfernt.« Er aber schnauzte zurück: »Was willst du?« Er wollte mich nicht sehen.

Wir gehörten zur dritten Panzerdivision, zweite Brigade, achte Kavallerie. Unsere Einheit war ein Traditionsbataillon, das schon im amerikanischen Bürgerkrieg kämpfte. Vor kurzem hat mir ein Kumpel ein Schild mit dem Wappen der achten Kavallerie geschenkt. Es zeigt ein Pferd und den Wahlspruch »Honor and Courage«, Ehre und Mut. Ich habe es in meinem Wohnzimmer aufgestellt und bin sehr stolz darauf. Ich habe mir damals ein anderes Wappen der achten Kavallerie sogar auf die Brust tätowieren lassen, direkt über dem Herzen.

Das erste Jahr in Deutschland verbrachten wir hauptsächlich im Gelände bei Manövern. Ich gehörte zu den wenigen, die für den Nato-Wettbewerb »Canadian Army Trophy« ausgewählt wurden, der alle zwei Jahre stattfindet. Das ist ein Wettstreit der Panzereinheiten, der wichtigste in der Nato überhaupt, eine harte Konkurrenz. Es war der Grund, warum ich überhaupt nach Deutschland geschickt wurde. Ich hatte in Fort Knox einen so guten Abschluss hingelegt, dass sie mich unbedingt dabei haben wollten.

Im Juni 1987 holten wir die Trophäe. Das war bis heute das erste und einzige Mal, dass Amerikaner diesen Wettkampf gewonnen haben. Und ich gehörte dazu, mit gerade mal zwanzig Jahren!

Zehn Monate hatten wir für den Sieg trainiert. Man muss mit einem Platoon, das sind vier Panzer, fahren, stoppen, schießen, auf bewegliche Ziele reagieren. Es kommt darauf an, sich perfekt zu koordinieren. Es ist im Grunde wie bei einem Videospiel, nur ziemlich real. Zur Vorbereitung bekamen wir ein psychologisches Training in Berchtesgaden. Ein Psychologe brachte uns bei, wie man atmet, wie man seine Umgebung völlig

Steven Kuhn in seiner Uniform als Gefreiter der 3. Panzerdivision in Gelnhausen im September 1987.
Uniformaufnäher der 3. Panzerdivision (Spearhead = Speerspitze).

ausblendet und sich nur darauf konzentriert, was man erreichen will. Man taucht in einen Tunnel ein. Hört nichts anderes mehr, versenkt sich nur in die Aufgabe. Man simuliert den Krieg. Was ich in diesem Kurs gelernt habe, das kann ich noch heute.

Im Wettkampf stimmte dann alles, wir waren nicht abgelenkt, voll konzentriert, uns unterlief kein einziger Fehler. Deswegen haben wir auch gewonnen. Ich lenkte diesen großen Panzer und wusste, ich mache meinen Job perfekt. Das war ein wahnsinniges, ein machtvolles Gefühl.

Durch den Sieg bei der Trophy öffneten sich mir viele Türen. Ich habe aber auch geschickt an meiner Karriere gefeilt. So wusste ich zum Beispiel, dass der zuständige Brigadekommandant an einem bestimmten Tag unangemeldet zur Inspektion kommen würde. Statt Mittag zu machen, ging ich in meine Stube, verteilte überall meine Panzertrainingsbücher und las darin. Der Kommandant, er hieß Colonel Higgins, kam tatsächlich rein, sah mich während der Pause üben, erblickte meinen Panzer-Trophy-Orden. Er fragte mich: »Was kann ich für Sie tun?« Ich antwortete: »Sir, ich würde gern zur Führungsausbildung gehen, um Sergeant zu werden.«

Higgins sorgte dafür, dass ich eine Schulung in Butzbach absolvieren konnte und schließlich kurz vor dem Golfkrieg in Saudi-Arabien zum Sergeant, also zum Feldwebel, befördert wurde. In diesem Kurs wurde mir bewusst, dass ich ziemlich gute Leitungsqualitäten habe. Es macht mir Spaß, mit Menschen zu arbeiten und Aufgaben zu entwickeln. Tatsächlich wurde ich immer wieder als Anführer eines Platoons ausgewählt, und ein Platoon umfasst immerhin zwanzig Leute. Zwei Jahre ging das so, Manöver hier, Übung da.

Auf meine Arbeit war ich sehr stolz. Es war genau so, wie ich es mir vorgestellt hatte. Ich diente an der Grenze zu Osteuropa und half, die westliche Welt zu schützen. Die Freiheit zu bewahren. Die Mauer stand ja noch, der Kalte Krieg war noch nicht vorbei.

Colonel Higgins machte mich Mitte 1989 zu seinem persönlichen Fahrer. Zweimal pro Woche fuhren wir zur DDR-Grenze, um sie zu kontrollieren. Normalerweise patrouillierten wir im Fulda Gap, so hieß der Grenzabschnitt bei Fulda. Leider hat-

Steven Kuhn (vorn links) als Mitglied des Canadian-Army-Trophy-Teams 1987.
Die siegreiche Trophy-Mannschaft vor ihrem M-1-Panzer, rechts Steven Kuhn.

te ich nun weniger Freizeit, denn mein Kommandant war sehr beschäftigt. Wenn wir uns nicht im Fulda Gap bewegten, dann ging es woandershin. Wir kamen viel herum. Mein Chef flog mit dem Hubschrauber voraus, und ich fuhr mit dem Jeep hinterher.

Higgings war das, was man bei der Army einen harten Knochen nennt. Wenn er seine Ausgehuniform anlegte, trug er mehr Orden auf der Brust als ein russischer General. Er war dreißig Jahre bei der Army und hätte normalerweise schon General sein müssen, aber er hat wohl zu oft und zu laut seine Meinung gesagt. Er hatte acht »Bronze Stars«, so heißen die Tapferkeitsmedaillen, und zig »purple hearts«, das sind die Abzeichen, die man bekommt, wenn man verwundet wird. Er hatte Vietnam und die Offiziersschule in West Point mitgemacht.

Wir nannten ihn später im Golfkrieg »Diggin' Higgins«, weil er uns grundsätzlich alles im Sand eingraben ließ, selbst nach dem Krieg. Ich hatte ein gutes Verhältnis zu ihm, habe ihm immer seine Marlboro Lights und Grahm Crackers, diese Zimtkekse, besorgt. Die brauchte er, genauso wie seine Thermoskanne mit Kaffee. Alles durfte ich beim Einpacken mal vergessen, Landkarten, Helm, Socken, aber auf keinen Fall seinen Kaffee. Für den Kaffee durfte ich kein Leitungswasser nehmen, ich musste es immer frisch aus dem Brunnen in Gelnhausen holen. Ein seltsamer Tick.

Eigentlich geprägt hat mich aber mein unmittelbarer Vorgesetzter Sergeant Major Eckert, der irgendwie einen Narren an mir gefressen hatte. Alton B. Eckert stammte wie ich aus Pennsylvania, war damals 36 Jahre alt und als Command Sergeant Major, also eine Art kommandierender Hauptfeldwebel, zuständig für Versorgung, Verpflegung, Waffen, eine Art Manager der achten Kavallerie in Gelnhausen. Er hatte viel Macht, über ihm stand nur noch Colonel Higgins, der den gleichen Job als Oberst für die ganze Brigade versah, und natürlich der Divisionskommandant. Der Sergeant Major ist typischerweise der Mann, der rumrennt und alle dauernd anbrüllt. Wie man es aus den Soldatenfilmen kennt. Es ist der höchste Dienstgrad, den ein Unteroffizier erreichen kann, aber der gefürchtetste Dienstgrad in der ganzen Army. Der Sergeant Major hat mehr zu sagen als viele Offiziere.

Eckert wirkte aber auch durch seine Persönlichkeit. Er war wie Higgins ein Vietnam-Veteran, sehr diszipliniert, sehr groß, kräftig, mit einer starken Brille und einem leichten Überbiss. Er war mit einer Koreanerin verheiratet und hatte drei Kinder. Jeden Tag lief er rund dreizehn Kilometer, dann ging er in den Fitnessraum und war weiß Gott besser in Schuss als die meisten von uns Jüngeren. Ich habe ihn niemals ängstlich erlebt. Er hat viel erlebt in Vietnam, hat dort viele Menschen sterben sehen und selbst dazu beigetragen, dass Menschen starben. Ein Jahr lang bestand sein Job darin, im Dschungel Fallen für den Vietcong aufzubauen. Er wusste, was es hieß, im Krieg zu sein.

Sein Lieblingswort war »Fuck«, das hat er am Tag ein paar hundertmal gesagt. »Ich will fucking noch mal, dass ihr pünktlich seid«, so ging das ununterbrochen. Wir zählten bei seinen Ansprachen, wie oft er »fuck« sagte. Fünfzigmal in zehn Minuten war keine Seltenheit. Eckert selbst war es egal, was die Leute dachten, er wollte nur, dass alles hundertprozentig läuft. Er war ein Perfektionist. Kannte sich aus. Selbst sein Vorgesetzter kam während der Kämpfe im Irak zu ihm und fragte ihn um Rat.

Ab Mitte 1990 wechselte ich als Fahrer von Higgins zu Eckert. In dieser Zeit lernte ich den Sergeant Major besser kennen. Ich würde nicht direkt sagen, dass wir befreundet waren, aber ich mochte und respektierte ihn. »Heute nicht ganz da, Sergeant Kuhn?«, fragte er immer, wenn irgend eine Kleinigkeit fehlte. Eckert war streng, aber korrekt. Er half anderen, ohne nachgiebig zu sein. Mich ließ er viel reden, aber von sich erzählte er so gut wie nichts. Er machte nicht viele Worte. »Sergeant, gibt es irgendein Problem?« – »Nein.« – »Okay, Sie können abtreten.«

Mir gegenüber konnte er seine empfindsame Seite zeigen, einfach indem er etwas für mich tat und die Hand über mich hielt. Wenn mich Soldaten, die im Dienstgrad über mir standen, anmachten, wies er sie zurecht: »So redest du nicht mit ihm!« Nach dem Motto: »Finger weg von meinem Sergeant Kuhn.« Er hatte immer Zeit für mich, gab mir frei, wenn ich es mir wünschte. Ich glaube, er sah in mir eine Art jüngeres Selbst. Eckert war ein amerikanischer Vorzeigesoldat. Ein Vorbild. Ich wünschte mir damals, so zu werden wie er.

Inzwischen habe ich selbst als Manager gearbeitet, und meine

Angestellten haben mir immer wieder vorgeworfen, dass ich eine zu harte Linie fahre. Ich gehe mit den Leuten zwar aus, aber ich trinke nicht und ich duze sie nicht. Ich sorge dafür, dass jeder weiß, wo er steht. Genau so wie Sergeant Major Eckert: »Bei mir herrschen fucking klare Verhältnisse. Verstanden?« Wenn ich etwas von ihm gelernt habe, dann das.

Als ich mich bei der Army verpflichtete, hatte ich überhaupt keine Vorstellung vom Leben eines Soldaten. Ich wollte nur weg aus Harrisburg. Ich merkte aber schnell, dass es mir nicht gefiel, ausschließlich mit den anderen herumzuhängen. Was machen Soldaten, wenn sie nichts zu tun haben? Sie gucken Fernsehen, saufen, rauchen und erzählen dumme Witze. Vom ersten Moment an wollte ich lieber Deutschland kennen lernen, Leute treffen, die Sprache lernen. Viele Soldaten kommen nie aus der Kaserne raus und denken, alle anderen Menschen müssten Amerikanisch sprechen. Aber ich wollte mich mit den Deutschen unterhalten können, ich interessierte mich einfach für das Leben ringsherum.

Dazu ermunterte mich auch ein zehn Jahre älterer Soldat, Rob Goldberg, der aus einer alteingesessenen Washingtoner Familie stammte, studiert hatte und trotzdem als einfacher Panzersoldat zur Army gegangen war. Mit Rob freundete ich mich an, und auch er wurde ein Vorbild für mich. Sein Vater hatte am amerikanischen Konsulat in Berlin gearbeitet, Rob war dort aufgewachsen und kannte das Land gut. In der Kaserne las er morgens deutsche Zeitungen mit Hilfe eines kleinen Wörterbuchs. Rob war jemand, der einen wieder ins Gleichgewicht bringen konnte. Als er später – noch vor dem Golfkrieg – aus der Army ausschied, aber mit seiner Familie in Gelnhausen blieb, hielt ich den Kontakt. Während des Krieges habe ich ihm viele Briefe geschrieben.

Als amerikanischer Soldat in Deutschland lebst du im Prinzip komfortabel. Du hast ein Zimmer, regelmäßige Mahlzeiten, du musst dich um nichts kümmern und kriegst dafür 800 Dollar Sold im Monat. Die meisten sparten das Geld, aber ich gab alles für meine Ausflüge aus. Ich war einfach neugierig, kaufte mir ein gebrauchtes rotes Porsche-Cabriolet, und wenn das Wochenende kam, ging's ab. Oft kam auch Jeff Hanson mit, und wir haben zusammen das Land erkundet. »Los, einsteigen, wo

Die Ehrengarde der US-Garnison in Gelnhausen bei Frankfurt am Main mit Steven Kuhn in der Mitte.
Der Obermarkt von Gelnhausen (Foto: Stadt Gelnhausen).

wir haben zusammen das Land erkundet. »Los, einsteigen, wo fahren wir hin?«

Ich fuhr einfach irgendwohin, nach München, Nürnberg, Köln, Bremerhaven, nach Frankfurt sowieso und öfter auch nach Kopenhagen. Ich ging tanzen, immer in die besten Bars und Discos. Aber ich ging auch auf Dorffeste, einmal landete ich auf einem Schützenfest, und die Leute sagten: »Komm, setz' dich neben den Schützenkönig.« Überall lernte ich Leute kennen, ich war überrascht, wie nett und offen sie waren. Und die Mädchen! Ich war damals jung und ein ziemlicher Casanova. Oft lernte ich eine Frau in der Disco kennen, und wenn ich zu ihr sagte, ich wüsste nicht, wo ich schlafen solle, nahm sie mich mit zu sich.

Ich habe die Zeit sehr genossen. Ich lernte ein Leben kennen, das ich nicht kannte. Ein Leben, das nicht nur aus Saufen und Prügeln bestand. Als ich etwa zwei Jahre in Deutschland war, lud mich mein damaliger Zimmergenosse Greg dazu ein, ein Wochenende mit ihm im Dorf Fürstenau bei Osnabrück zu verbringen, wo seine deutsche Freundin wohnte. Die Freundin hatte eine Freundin, die mir auf Anhieb gefiel. Sie hieß Anja, war 21 Jahre alt, blond mit blauen Augen und Friseuse. Sie war einfach süß und hatte dieses unterkühlte norddeutsche Temperament. Es klingt vielleicht komisch, aber sie gefiel mir, weil sie so schüchtern war und so unschuldig aussah. Sie wurde meine erste richtige Freundin.

Anja wohnte noch bei ihren Eltern, die einen kleinen Bauernhof besaßen. Ihre Eltern akzeptierten mich sofort als eine Art Schwiegersohn. Es bewegte mich tief, dass ich bei diesen völlig fremden Leuten etwas fand, das ich kaum kannte, nämlich Liebe. Sie nahmen mich in ihre Familie auf, als ob ich ihr eigener Sohn wäre. Das war eine unbeschreibliche Erfahrung. Bald kannte uns das ganze Dorf. Die Leute mochten Greg und mich.

Wenn es möglich war, fuhr ich von nun an bei jeder Gelegenheit nach Fürstenau. Vier Stunden hin, vier Stunden zurück. Die ganze Woche über freute ich mich darauf. Fürstenau war so ziemlich das Gegenteil von dem, was ich kannte. Anjas Familie wohnte in einem alten Fachwerkhaus, und wenn ich kam, machte ihre Mutter für mich Rouladen, die ich so gern esse.

Natürlich war diese Welt nicht ganz so heil, wie sie aussah. Anja war unzufrieden mit dem Dorf, sie fand es öde. Sie wollte weg da, ausbrechen.

Aber wir hatten viel Spaß zusammen. Außerdem waren Greg und seine Freundin meist dabei, wenn wir etwas unternahmen. Wir haben uns gut verstanden und verlobten uns sogar. Alles in allem waren wir drei Jahre zusammen. Bis zum Golfkrieg. Ich war überzeugt davon, dass ich Anja liebte, und auf meine Art habe ich sie auch geliebt. Ich habe sie immer über meine Schulter geworfen, so klein und süß war sie.

Leider sah ich Jeff Hanson damals nur noch ab und zu. Er hatte geheiratet und lebte inzwischen mit seiner deutschen Frau in Gelnhausen außerhalb der Kaserne, wie alle verheirateten Soldaten. Aber zwischen uns bestand eine Verbindung, die immer funktionierte, auch wenn wir uns lange nicht trafen. Das sollte sich im Krieg erweisen.

Als die Mauer fiel, patrouillierte ich gerade mit Colonel Higgins an der Grenze bei Fulda. Wir wurden von den Ereignissen ziemlich überrascht. Die Ostdeutschen strömten über die Grenze, wir waren nicht informiert worden und schrieben immer nur auf, wie viele täglich eintrafen. Natürlich fragten wir uns am ersten Tag, kommen die Russen nun auch rüber? Aber dann stellte sich schnell heraus, dass es keine Invasion gab und alles ganz unspektakulär ablief.

In Fulda wurde auch nicht besonders gefeiert. Ich fand das schade, so kriegte man nicht viel von der tollen Stimmung mit, die sie im Fernsehen zeigten. Und in Gelnhausen begannen einige Leute, ihre Meinung über die Ostdeutschen schnell zu ändern: »Die kriegen Arbeit und Geld, und wir?« Das fand ich seltsam. So hätten Amerikaner nicht reagiert.

Ich erinnere mich gut, dass wir in dieser Zeit einmal in voller Kampfmontur aus einem Wald auf eine Landstraße traten. Dort stand ein Bus mit Touristen aus Sachsen, die uns entdeckten und darum baten, sich mit uns fotografieren zu lassen. In dem Moment war ich total stolz darauf, ein amerikanischer Soldat zu sein.

Ein anderes Mal bauten wir am Brandenburger Tor in Berlin Absperrgitter für den Marathon auf. Ein Touristenbus aus Dresden hatte Motorprobleme, wir gingen mit dem gesamten Pla-

Während der Patrouille an der innerdeutschen Grenze zwischen NATO und Warschauer Pakt bei Fulda 1989.
Manöver im hessischen Wald, links vorn Seven Kuhn.

toon hin und schoben ihn an. Als die Leute im Bus uns sahen, wirkten sie ziemlich verängstigt. Deshalb ging ich hinein und sagte zu ihnen: »Seht mal her, Leute, wir sind doch eigentlich ganz nett.« Da klatschten sie und machten Fotos. Ähnliche Situationen habe ich immer wieder erlebt. Ich möchte nicht wissen, wie viele Leute ein Foto von mir besitzen.

Aber andererseits machten wir uns auch Sorgen. Die Mauer war weg, und wir standen da ohne Arbeit. Es gab einfach nichts mehr zu tun. Eine nervende Zeit begann, Langeweile, Manöver, Beschäftigungstherapie. Und dann kam der Golfkrieg.

Im August 1990 hörten wir, dass Saddam Hussein in Kuwait einmarschierte. Wir spürten eine leichte Unruhe. Wir waren ja die Panzerdivision, die geografisch am nächsten stand. Andererseits konnten wir uns nicht vorstellen, dass es eine größere militärische Aktion geben würde, wir dachten, das löst sich schon irgendwie auf. Aber es rumorte im Hinterkopf.

Drei Monate später, im November, saßen wir Soldaten abends in der Kaserne in Gelnhausen vor dem Fernseher und tranken Bier. Ich werde diesen Abend nie vergessen. Wir guckten CNN, sie zeigten Saddam Hussein und redeten über den Irak. Plötzlich sagte der Sprecher, die Army wird in den Irak gehen und gegen Saddam kämpfen. Alle rissen die Arme hoch und riefen: »Toll, denen treten wir in den Arsch.«

Dann las der Sprecher vor, welche Einheiten an den Golf verlegt würden. Er sagte, dritte Panzerdivision, achte Kavallerie. Das waren wir. Auf einmal herrschte im Zimmer Totenstille. Es war die pure Angst. Es dauerte einige Zeit, bis die üblichen Sprüche wieder losgingen: »Alles klar, wie gehen da rein.« Aber alle fanden es bizarr, dass wir den Einsatzbefehl nicht von unserem Kommandanten, sondern aus dem Fernsehen bekamen.

Ich dachte in diesem Moment nur, oh Scheiße, wir gehen wirklich! Die Army hatte mich zwar zum Kämpfen ausgebildet, aber ich hatte eigentlich nicht damit gerechnet, dass ich tatsächlich in den Krieg ziehen müsste. Ich hatte in dem Moment keine konkreten Kriegsbilder im Kopf. Aber natürlich hatte ich Angst. Ich dachte, Mann, das wird verflucht gefährlich. Man darf nicht vergessen, dass sie damals von 100 000 Toten und Verletzten sprachen, die auf unserer Seite womöglich zu erwarten wären.

Wie alle anderen wollte ich sofort meine Mutter in Amerika anrufen, aber sämtliche Leitungen waren belegt. Später dachte ich, wie gut, so konnte ich mir einen Tag lang alles in Ruhe durch den Kopf gehen lassen. Statt meiner Familie Angst zu machen, beruhigte ich sie, als ich schließlich mit meiner Mutter sprach. Ich sagte: »Mom, es wird schon nichts passieren.« Sie antwortete: »Sei vorsichtig, Steve.«

Einige in der Kaserne versuchten, sich zu drücken. Bekamen plötzlich Asthma oder Rückenschmerzen. So ungefähr: »Ich kriege keine Luft, wenn's staubig wird.« Das haben sie natürlich gemacht, weil sie Angst hatten zu sterben. Wer hat das nicht? Andererseits wird niemand gezwungen, in die Army zu gehen. Sie ist eine Freiwilligenarmee. Sicher, die meisten Leute treten nicht ein, weil sie in den Krieg wollen. Sondern um Geld für ein Uni-Stipendium zu kriegen, um aus dem Dreck rauszukommen oder weil schon ihr Vater oder Großvater dabei war. Einige sicher auch aus Patriotismus.

Ich hätte mich trotzdem nie davonstehlen können. Ich fühlte mich der Army verpflichtet. Es klingt sicher merkwürdig, aber ich war der Army unendlich dankbar. Die Army hatte mich aus Harrisburg geholt. Die Army hatte mich von einem Versager zum Mann gemacht. Hatte mir Chancen eingeräumt. Alles, was ich war und konnte, verdankte ich der Army. Daher wollte ich jetzt auch tun, wofür sie mich ausgebildet hatte. Das waren damals meine Gedanken und so denke ich auch heute noch.

Einen Monat mussten wir noch warten. Wir verfolgten die Nachrichten jetzt viel intensiver. In den nächsten Tagen und Wochen habe ich oft darüber nachgedacht, was uns wohl erwartete. Aber das Schlimmste waren die Gerüchte. Es hieß, das würde ganz böse dort drüben, die hätten fünf Panzer gegen einen von uns – Gerede, das einen kirre machte. Ich versuchte natürlich, die Angst zu verdrängen, ich musste ja weiterarbeiten. Funktionieren. Ich änderte auch mein Leben nicht abrupt. Ich sah meine Freunde, bin ausgegangen und habe meine Verlobte besucht.

In der Kaserne herrschte bald höchste Sicherheitsstufe. Wir verluden unser ganzes Equipment auf Züge, all unsere Panzer, Jeeps, Mannschaftswagen und Geschütze. Von Rotterdam gingen sie dann per Schiff nach Saudi-Arabien. In Gelnhausen hatten wir nun keine Panzer mehr, wir hatten eigentlich gar nichts mehr und folglich auch nichts zu tun. Unser Befehl lautete damals, dass wir uns höchstens eine halbe Stunde von der Kaserne fortbegeben durften, um sofort einsatzbereit zu sein.

Aber ich war vier Autostunden entfernt, als am 17. Dezember 1990 der Marschbefehl kam. Mein Kommandant erreichte mich bei meiner Verlobten. Unser Abschied verlief seltsam, sehr distanziert. Anja hatte Angst, mich nicht wiederzusehen, das war klar. Als ich dann auf der Autobahn war, wurde mir auf einmal bewusst, dass dies meine letzte zivile Fahrt sein könnte. Jetzt geht es also in den Krieg, dachte ich voller Sorge.

Andererseits hatte ich mich durchaus darauf eingestellt zu sterben. Ich war 23 Jahre alt und hatte bereits mein Testament gemacht. Wir mussten ja alle unser Testament schreiben, mussten unsere Sachen packen und die letzten Wochen vor der Abreise im Schlafsack schlafen. Außerdem sollten wir allen Menschen, die uns nahe stehen, Abschiedsbriefe schreiben. Das fiel mir schwer, wie es allen anderen auch schwer fiel. Aber ich habe mir die Zeit dafür genommen.

Man hatte uns angewiesen, unsere persönlichen Sachen in eine Kiste zu packen und an jemanden zu adressieren, der sie im Todesfall bekommen sollte. Ich sortierte alles aus, wovon ich dachte, dass es meine Mom nicht sehen sollte. Ich fragte mich, ob ich ihr noch einen Brief mit hinein legen sollte, als letzten Gruß sozusagen. Aber dann dachte ich, was zur Hölle soll ich ihr bloß als Toter schreiben, während ich noch am Leben bin? Ich saß da und brauchte ganz schön lange, bis mir etwas Passendes einfiel. Während ich schrieb, musste ich weinen, weil ich daran dachte, wie sie unter Tränen den letzten Brief ihres Sohnes las. Ob sie wohl stolz wäre, dass ich für mein Land gefallen war?

Ich dachte wirklich, mein Schicksal sei es, nicht zurückzukommen. Ich träumte sogar, dass ich in der Wüste als Held stürbe und man mich mit der rot-weiß-blauen Fahne aufbahrte. Und ich war bereit zu sterben. Wer schon tot ist, kann sich nicht mehr fürchten, dachte ich. Ich versuchte, wie ein Held zu denken. Wie ein richtig harter Soldat.

Meine Gedanken schweiften ab zu jenem Tag, als ich die Ausbildung in Fort Knox abgeschlossen hatte. Mir fiel ein, wie stolz meine Mutter damals auf mich gewesen war und wie ich mich in dem Moment gefühlt hatte. Wie eine Maschine ohne Aus-Schalter. Die zivile Welt kam mir so unwichtig und klein vor. Die Leute machten irgendwie einen ziellosen Eindruck. Das war der Moment, in dem ich begriff, dass die Army mir mehr als eine gute Ausbildung gegeben hatte, nämlich Orientierung. Ziele. Selbstvertrauen.

Und nun zog ich in den Krieg mit dem einsamen Gefühl, als Held in die Geschichte einzugehen. Als Held, der für die Freiheit starb – selbst wenn der Krieg nur für Öl geführt würde, wie viele damals sagten. Das war mir egal. Ich wollte jetzt sehen, aus welchem Holz ich wirklich geschnitzt war und die Fähigkeiten einsetzen, die man mir in den letzten vier Jahren beigebracht hatte. Ich wollte meine Pflicht erfüllen. Meinem Land dienen.

Für mich stand fest, dass wir am Golf das Richtige taten. Hundertprozentig. Ich hatte nicht den geringsten Zweifel, dass es notwendig war, Kuwait zu befreien, Saddam Hussein zu verjagen und den Leuten da unten die Freiheit zu bringen. Genau wie es uns der Soldatensender AFN immer erklärte. Ich bin mit der Überzeugung aufgewachsen, dass wir in andere Länder gehen, um den Menschen zu helfen. Und genau das dachten wir, als man uns nach Kuwait schickte.

Im Alltag macht man sich als Soldat über das Leben an und für sich nicht so viele Gedanken. Alles wird von anderen erledigt. Das Leben hat keine Tiefe. Man lebt nur an der Oberfläche, für das nächste Manöver oder den nächsten Dienstgrad. Ich hatte überhaupt nicht darüber nachgedacht, dass ich auch noch etwas anderes im Leben machen könnte. Solche Gedanken kamen erst, nachdem ich mit dem Tod konfrontiert war. Doch erst einmal zog ich, beseelt von patriotischen Gefühlen, in den Krieg.

Warteposition Dhahran, Saudi-Arabien

Wir hatten nicht die geringste Idee, was uns in Saudi-Arabien oder Kuwait erwarten würde. Wir wurden auch nicht darauf vorbereitet. Am 18. Dezember 1990 bestiegen wir das Flugzeug. Wie die Sardinen saßen wir in der Maschine. Über Saudi-Arabien sahen wir bis zum Horizont nur Wüste. Weil jegliche Orientierungspunkte fehlten, konnte man schwer sagen, ob wir nun 3000 oder 6000 Meter hoch flogen. Ich sah Sand, überall Sand, ich dachte, wie wunderschön sieht das aus. Später lernte ich, die Wüste zu hassen.

Wir landeten in einer Gegend, die ähnlich aussah wie der Mond, auf einer Piste mitten im Nirgendwo. Dort standen ein paar Busse bereit, die uns nach Dhahran bringen sollten, zum King-Abdul-Aziz-Hafen am Persischen Golf, in der Nähe von Bahrein. Auf dem Weg dorthin starrte ich auf den Sand und sagte kein Wort. Eine lähmende Furcht befiel mich. Ich fühlte mich plötzlich klein und unbedeutend. Es gab nur Sand, Sand, Sand. Hin und wieder sahen wir auf der Straße ein paar Toyota-Pickups. Sie waren ausnahmslos weiß.

Ich fragte mich, mit wem ich über meine Stimmung reden könnte und wollte am liebsten sofort meine Verlobte anrufen. Doch ich lernte schnell, dass ein guter Soldat die Angst runterschluckt und weitermacht. Nachts im Schlafsack ist ja Zeit, sich zu fürchten oder zu heulen, ganz leise natürlich, damit es keiner merkt.

Der Bus bretterte durch die überfüllten Straßen von Dhahran. Plötzlich stoppten wir an einem Einkaufszentrum, aber nicht nur wir, alle Autos links und rechts hielten abrupt an. Unser Fahrer rannte aus dem Bus und warf sich auf den Boden. Überall sahen wir Leute auf der Straße knien und bekamen einen gewaltigen Schreck. Wir dachten an einen Überfall – bis uns klar wurde, dass sie sich nur zum Beten fertig machten. Erleichtert mussten wir alle lachen.

Man brachte uns zu den Al-Kobar-Towers, einem riesigen Apartmentkomplex am Hafen, den die saudische Regierung vor einigen Jahren mal für Beduinen gebaut hatte. Für die kam es aber nicht in Frage, in einem Stockwerk unter jemand anderem zu wohnen, dazu waren sie zu stolz. Folglich standen diese achtstöckigen Blocks leer. Die Häuser waren mit Sandsäcken militärisch gesichert. Ich dachte, so muss es auch in Deutschland am Ende des Zweiten Weltkriegs ausgesehen haben.

Auf den Dächern der meisten Gebäude standen jede Menge Araber, die uns beobachteten, und ich wunderte mich, was zum Teufel sie dort machten. Obwohl wir in einem verbündeten

Land waren, war ich Arabern gegenüber misstrauisch, zumal sie für mich alle gleich aussahen. Bis zu unserem letzten Tag in Dhahran hatte ich ein ungutes Gefühl, wenn ich diese Leute auf den Dächern sah.

In den angemieteten Apartments gab es nichts außer Teppichen. Wir schleppten unsere gesamte Ausrüstung in den siebten Stock und rollten unsere Schlafsäcke aus. Niemand fühlte sich dort richtig wohl. Unsere Regierung hätte viel Geld sparen können, wenn sie uns stattdessen in Zelten untergebracht hätte. Ein Problem waren zum Beispiel die Toiletten. Araber benutzen kein Toilettenpapier, sondern Wasser, daher waren die Abflussrohre nicht für Papier ausgelegt und ständig verstopft. Das war eklig.

Ich versuchte, an nichts mehr zu denken und fiel in einen leichten, nervösen Schlaf. Nie werde ich den nächsten Morgen vergessen. Ich wurde von einem Geräusch aus dem Schlaf gerissen, das mir vorkam wie die Schreie tausender Soldaten, die mit gezogenen Waffen auf mich losstürmten. Ich sprang auf, riss mein Gewehr an mich, sprang zitternd auf den Balkon – und musste lachen.

Auf den übrigen Balkons sah ich mindestens fünfzig andere Soldaten, die wie ich vor Angst geweitete Augen hatten und mit ihren Gewehren rumfuchtelten. Doch das seltsame Geräusch kam von den Minaretten, da man die gläubigen Muslime zum Gebet rief. Es wurde elektrisch verstärkt und hörte sich tatsächlich an wie tausend Araber bei der Attacke. Wir nutzten diesen Lärm von da an täglich als Wecker. Und ich dachte, Steve, du bist wirklich in einer anderen Welt hier. Es war alles sehr fremd.

Da ich nun ein Krieger war, wollte ich auch wie ein Krieger aussehen. Deshalb habe ich mir sofort bei der Ankunft den Schädel bis über die Ohren rasiert und oben nur eine kurze Haardecke stehen lassen. Das ist der extremste Haarschnitt, den es bei der Army gibt, der so genannte Jarhead. Ein Zeichen für absolute Hardcore-Soldaten. Für Leute, die ihren Job als Soldat über alles andere stellen. Und ich wollte genau das sein – hart, schnell und unerbittlich.

In den folgenden Tagen wurden mehr und mehr Soldaten in die Anlage verlegt, nach zwei oder drei Wochen lebten dort rund 50000 Mann. Es war eine reine Männergesellschaft, ein

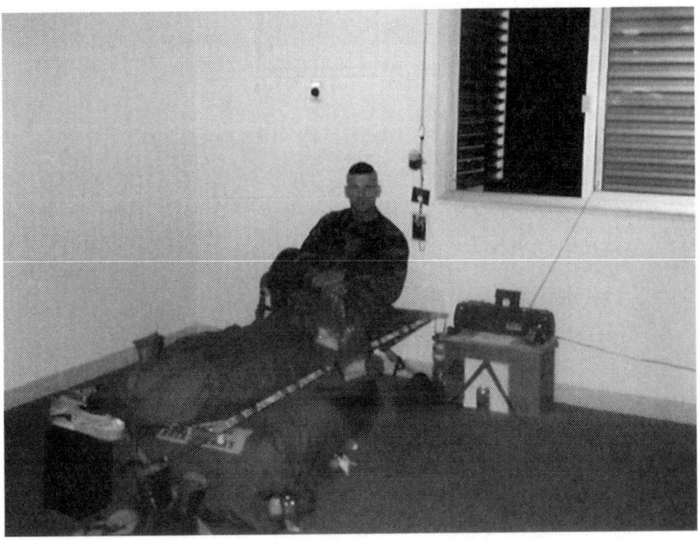

Al-Kobar-Towers, Dharhan, Saudi-Arabien, Quartier für 50 000 US-Soldaten.
Steven Kuhn in einem der leeren Al-Kobar-Räume.

wimmelndes Heerlager von Achtzehn- bis Zwanzigjährigen, und es gab für uns so gut wie nichts zu tun. Von meinem Balkon aus blickte ich auf die anderen Blocks, sah einen Kinderspielplatz voll gelangweilter Soldaten und einen Wasserturm, der wie ein großer Pilz wirkte. Wenn ich mich vorbeugte, konnte ich sogar einen kleinen Zipfel vom Meer erkennen. Als es dunkelte, leuchteten in der Ferne die bunten Lichter der Brücke nach Bahrein, dem einzigen Ort am Golf, wo Alkohol und Prostitution toleriert werden. Aber wir durften da nicht hin. Ich habe während der gesamten Zeit keinen Schluck Alkohol getrunken.

Jeden Tag erhielten wir zwei bis drei Mahlzeiten, die wir bizarrerweise in der riesigen Tiefgarage unter den Häusern einnahmen. Dort wurden wir von Pakistanern bedient, aber es gab weder Tische noch Stühle. Wir mussten die Teller auf die Poller und Betonschwellen stellen und uns auf den Boden hocken. Das Essen kam auf Plastikgeschirr, es schmeckte ungewohnt, eben arabisch, und wir machten halb ernst gemeinte Witze, wie leicht die verdammten Araber uns vergiften könnten. Dazu gab es Cola in Dosen mit arabischer Aufschrift oder Papayasaft.

Ich sehnte mich bald nach Jägerschnitzel mit Knödeln und Rouladen mit Rotkohl. Und einem kalten Bier. Chips und Cola bekamen wir auch in dem riesigen Einkaufszentrum, das die Army für uns am Flughafen eingerichtet hatte. Dieser PX-Store wirkte aber eher wie ein saudischer Basar mit all den Kaftanen, Teppichen und anderem arabischen Kram. Es war unglaublich voll dort, weil es nur diesen einen Laden für Zehntausende von Soldaten gab.

Da wir keine Autos besaßen, sind wir immer dorthin getrampt – in voller Ausrüstung, also mit dem ABC-Anzug im Rucksack. Meistens nahmen uns amerikanische Zivilisten mit, die in Saudi-Arabien lebten oder arbeiteten. Einmal fuhr ich bei einem Araber im Laster mit, das war eine ganz seltsame Erfahrung. Wir beäugten uns gegenseitig im Rückspiegel, und keinem war ganz wohl dabei. Ich überlegte, warum eigentlich. Ich war ein Teil der besten Streitmacht der Welt, und mich machte ein Zivilist nervös, mit dem ich leicht fertig würde, wenn ich müsste. Es war eben nicht mein Terrain, dachte ich. Hätten wir dieselbe Sprache gesprochen, hätten wir uns wahrscheinlich Witze erzählt. So aber blieb es ungemütlich.

Wir waren Krieger, und wir gaben uns auch alle Mühe, wie Krieger zu wirken. Andererseits wurde man schnell unsicher, weil alles fremd war, und schaffte es nicht immer, sich wie ein Krieger zu benehmen. Mal ganz davon abgesehen, dass man natürlich versuchte, nicht wie die typische Karikatur eines Amerikaners zu wirken. Als ich aus dem LKW stieg und der Saudi zum Abschied hupte, fragte ich mich, wie er mich wohl sah. Als einzelnen Menschen oder nur als Teil eines größeren Verbandes? Ob es uns überhaupt erlaubt war, zivile Autos anzuhalten, habe ich nie erfahren.

Mit der Zeit gewöhnten wir uns an das Essen und die Hitze und richteten uns notdürftig ein. Wir spielten Karten oder hingen einfach im Apartment herum. Manchmal mussten wir auch in unseren Gasanzügen mit dem kompletten Gepäck joggen oder Football spielen. Das war ziemlich idiotisch in der brennenden Hitze. Oder wir mussten üben, die Anzüge an- und wieder auszuziehen. Zum Glück ließ man uns nicht im Sand herumrobben, wie man es jetzt vor dem Krieg immer wieder im Fernsehen sah.

Wenn ich abends im Pullover auf unserem Balkon stand, konnte ich den Gottesdienst verfolgen, der regelmäßig auf dem Spielplatz stattfand und auf mich wie ein Schlaflied wirkte. So gingen die Tage dahin, während wir auf unsere Jeeps, Lastwagen und Panzer warteten, die irgendwann im Hafen eintreffen sollten. Wir passten uns an das ereignislose Leben an. Routine spielte sich ein. Unsere Wachsamkeit ließ automatisch nach.

Von der Welt um uns herum waren wir abgeschottet. Mit den Saudis hatten wir so gut wie nichts zu tun. Wir sahen aber, dass sie in einer krassen Klassengesellschaft lebten, in der die einen reich sind und nichts tun und die anderen schuften. Wobei die einfachen Arbeiter gar keine Saudis waren, sondern aus Pakistan oder sonst wo her kamen. Mit den Saudis haben wir manchmal ein paar Worte gewechselt, wenn wir zum Hafen fuhren und an einer Ampel warteten, das war's.

Mir gefiel aber ihre Art, sich zu kleiden und zu bewegen. Ich dachte, all diese Leute in den weißen Gewändern passen perfekt zu ihrer Umgebung. Alles wirkte auf mich wie ein wunderbares Puzzle, nur hässliche Wahrzeichen Amerikas wie »Baskin' Robbins« und »Kentucky Fried Chicken« störten diese Harmonie.

Willkommen fühlten wir uns nicht, eher toleriert. Die Saudis haben uns demonstrativ ignoriert. Sie waren zwar im allgemeinen höflich und taten, was sie tun sollten. Viele haben aber den Augenkontakt vermieden. Einmal fuhren wir zum Beispiel an der Strandpromenade vorbei, wo zahlreiche Männer im Kaftan saßen und sich unterhielten. Sie haben uns nicht eines Blickes gewürdigt.

Als einzige Vorbereitung auf dieses fremde Land hatte man uns den Rat erteilt: »Macht nichts mit eurer linken Hand und zeigt nie die untere Fußseite!« Die linke Hand gilt als unrein, weil die Leute sich damit säubern, und das Zeigen der Fußsohlen ist eine Beleidigung im Mittleren Osten. Mehr erzählte man uns nicht. Es hatte wohl keiner damit gerechnet, dass wir dauernd die Towers verlassen würden, um einzukaufen oder uns in der Stadt herumzutreiben. Auch über die politischen Verhältnisse erfuhren wir nichts. Wir kannten nur das Gerücht, der saudische König habe tausend Dollar monatlich pro Soldat geboten, wenn alle weiblichen Kräfte nach Hause geschickt würden. Das wäre natürlich toll gewesen, tausend Dollar!

Weihnachten und Silvester verliefen noch ganz friedlich. Zu Weihnachten musste ich an meine Verlobte denken; es war mir bis dahin nicht gelungen, sie telefonisch zu erreichen. Auch mit meiner Mutter hatte ich nicht sprechen können. Das machte mich ganz traurig und depressiv. Es war drückend heiß, nicht ein Hauch von Weihnachtsgefühl. Ich hatte zwar Weihnachten nicht mehr gefeiert, seit ich in der Army war, aber wenigstens die Dekoration in der Kaserne hatte mich doch an das Fest erinnert. In den Al-Kobar-Towers gab es nicht einmal das.

Den Jahreswechsel erlebte ich auf dem Balkon unseres Apartments. Es war warm in der Nacht, man sah das Glitzern des Meeres, und ich ließ meine Videokamera laufen. Ich filmte, wie wir Soldaten auf dem Balkon saßen und um Mitternacht »Frohes neues Jahr« riefen. Dann nahm ich ein Insektenspray, sprühte auf die Flamme meines Feuerzeugs und erzeugte eine beachtliche Wirkung. Das war unser Silvesterfeuerwerk. Die Soldaten auf den Balkonen um uns herum johlten und pfiffen. Mehr passierte nicht.

Kurz nach Silvester schrieb ich an meinen ehemaligen Kameraden Rob Goldberg in Gelnhausen diesen Brief: »Jetzt sind wir also hier. Wir wohnen in leeren Apartments, wir warten auf die Fahrzeuge. Es gibt nicht viel zu tun. Wir haben jeden Tag Unterricht, aber nur Sachen, die wir längst kennen. Was das Essen betrifft, so sorgt der saudische König für uns. Er lässt uns morgens und abends ein Menü servieren. Es ist okay, nur Schweinefleisch gibt es nicht. Die Spannung hier ist hoch, niemand weiß, was uns erwartet oder wann. Ich muss jetzt weg, wir werden uns wiedersehen. Haltet einen Platz auf dem Sofa für mich frei!«

In diese Langeweile platzte meine überraschende Beförderung zum Sergeant. Es verlief alles sehr unspektakulär. Sergeant Major Eckert rief mich zu sich und sagte: »Übrigens, du bist jetzt Sergeant. Hier ist der Befehl. Sieh zu, woher du deine Abzeichen kriegst, wir haben nämlich keine.« Das war nicht gerade, wie man sich eine Beförderung vorstellt. Normalerweise gibt's dafür eine große Zeremonie vor der ganzen Kompanie. Nicht so im Krieg.

Vorher war ich einer von fünf Fahrern unseres Bataillons, plötzlich war ich ihr Chef. Mir machte das Spaß. Immer hatte ich nun etwas zu tun: meine Leute organisieren, alles regeln bis zum Aufbruch. Allerdings habe ich sie weder in Dhahran noch später in der Wüste viel gesehen, wir waren ja immer mit unseren Humvees unterwegs, diesen extrabreiten amerikanischen Militärjeeps.

Meistens versammelte ich meine Mannschaft morgens und besprach kurz, was zu tun war. Ich ermahnte sie, die Fahrzeuge gut zu warten und habe sie für die Wachen eingeteilt. Das war im allgemeinen alles.

Ich glaube, ich war ein guter Chef. Nur einmal hatte ich Stress, als einer meiner Leute seinen Jeep nicht ordentlich putzte. Er wollte es nicht einsehen, und wir haben uns geprügelt.

Eines Abends zogen wir zu dritt los und fuhren mit dem Humvee zum Dhahran Hotel, einem Luxushotel, um zu Hause anzurufen. Dort war der gesamte Generalstab einquartiert, jede Menge Journalisten und Kamerateams liefen herum und machten Interviews. Ich sah einige hohe amerikanische Offiziere, die gerade in ihrer frisch gebügelten Uniform und polierten Stiefeln ein exquisites Menü aßen, während wir staubig und abgerissen in Kampfmontur in der Lobby standen. Die Situation wirkte auf mich ein bisschen surreal. Nie habe ich einen sozialen Unterschied so stark empfunden wie in jenem Moment im Dhahran Hotel.

In der Lobby stand eine Frau, ganz in Schwarz mit nur einem Augenschlitz, was zwar für eine Frau in Saudi-Arabien normal war, aber auch wieder merkwürdig, weil in der Hotellobby sonst gar keine Frauen zu sehen waren. Mir fiel auf, dass sie weiße Reebock-Turnschuhe trug, und ich überlegte, was das zu bedeuten hatte. Da sprach sie mich auch schon an: »Hallo Soldier.« Sie hatte einen starken Südstaatenakzent. Ich war verblüfft. Weil ich keine Ahnung hatte, was ich sagen sollte und nicht einmal wusste, ob ich überhaupt mit Frauen in Saudi-Arabien reden durfte, nickte ich nur und schaute weg.

Sie aber begann zu reden und beklagte sich über ihr furchtbares Leben in Saudi-Arabien. Es stellte sich heraus, dass sie die Tochter einer Amerikanerin war, die einen Ölscheich geheiratet hatte, der geschäftlich in Texas zu tun hatte. »Ich muss mich verkleiden, nur weil er das will«, sagte sie. Weil ich nicht mehr wusste, was ich noch dazu bemerken sollte, sagte ich schließlich: »Ich muss jetzt leider gehen.«

Gleich nach dem Gespräch ging ich in einen Geschenkladen in der Lobby, um Postkarten zu kaufen, und dort sah ich etwas noch Seltsameres. Das Geschäft bot auch westliche Zeitschriften an, und ich begann, ein bisschen darin zu blättern. Zu meiner Überraschung war jedes Bild einer Frau, das mehr als ihr Gesicht zeigte, mit einem schwarzen Edding zensiert worden. Per Hand! Da machten sich Leute tatsächlich die Mühe, alle Fotos einzeln zu schwärzen. Ich erinnere mich an eine Brautzeitschrift mit einem Model auf dem Titel, das einen V-Ausschnitt trug – und die Haut war bis zum Kinn geschwärzt worden. Ich dachte, mein Gott, wo bin ich hier? Oder eine Werbung für Strumpfhosen, auf der die Beine des Models säuberlich übermalt waren. Was macht die Werbung dann noch für einen Sinn? Hier trafen in der Tat verschiedene Kulturen aufeinander.

Ich versuchte nun, meine Verlobte zu erreichen, aber es gelang mir nicht. Ich konnte jedoch mit ihren Eltern sprechen. Ihre Mutter weinte, als sie mir sagte, dass Anja mich verlassen habe. Ich konnte es erst gar nicht fassen. Dann wurde ich so wütend und traurig, dass ich nicht mehr wusste, wohin mit meinen Gefühlen. Ich glaube, ich habe die ganze Nacht geweint. Aber bei der Army kannst du ja deine Gefühle nicht rauslassen. Sonst giltst du als Weichling und wirst ständig aufgezogen. Ich wollte hart sein. Also habe ich alles irgendwie runtergeschluckt.

Wenig später, am 17. Januar 1991 um ein Uhr morgens, begann der Luftkrieg im Rahmen der Operation »Desert Storm«. Wir benutzten dieses Wort nie, für uns hieß der Krieg nur »Saudi«. Tag und Nacht sahen und hörten wir die F-16- und F-18-Jäger über uns fliegen. Viele Informationen über die politische und militärische Lage bekamen wir aber nicht. Weil ich wissen wollte, was draußen vorging, besorgte ich mir im PX-Store ein Radio und kaufte alle Batterien, die ich nur finden konnte. Wir waren natürlich über die Scud-Raketen informiert, die Saddam damals nach Israel abschoss.

Als ich in einer Nacht Ende Januar gegen zwei Uhr auf dem Balkon stand, hörte ich in meinem Radio wieder von Scud-Angriffen auf Israel und musste sofort an meine Freunde in Tel Aviv denken. Der Sprecher redete von Panik, Chaos und Terror, und ich betete leise für sie.

Plötzlich sah ich einen roten Lichtstrahl in den Himmel schießen und wenig später einen mächtigen Blitz direkt über mir. Gleichzeitig krachte es gewaltig – die Amerikaner hatten mit einer Patriot-Rakete eine irakische Scud-Rakete vom Himmel geholt. Einen Moment stand ich dort wie eingefroren. Dann rannte ich ins Zimmer und rief in Panik: »Gas, Gas, Gas!« Man hatte uns ja beigebracht, dass irakische Raketen chemische oder biologische Waffen enthalten konnten. Der Alarm verbreitete sich in Windeseile im ganzen Block.

Alle setzten sofort ihre Gasmasken auf und rannten wie aufgescheuchte Hühner umher. Niemand wusste, was wir jetzt tun sollten. Da tauchte Sergeant Major Eckert auf und befahl mir, sofort zum Hauptquartier zu laufen, das zwei Blocks entfernt war. Ich sollte in Erfahrung bringen, wie die Lage sei und was wir jetzt machen sollten. Aber ich weigerte mich. »Nein, ich gehe nicht«, sagte ich. So groß war meine Angst. Alle guckten mich an. Im selben Moment dachte ich, Kuhn, du hast versagt, total versagt. Dieser Gedanke verfolgt mich bis heute. Aber damals dachte ich nur, da draußen ist Nervengas. Man hat diese irren Bilder im Kopf: Zittern, Schaum um den Mund, Aussetzen der Organe.

Natürlich hatte ich gelernt, bei Alarm zu gehorchen und nicht zu diskutieren. Aber das war die Theorie. Schließlich rannte ich doch ins Hauptquartier, ich rannte wie um mein Leben. Dort sagte ein Offizier: »Die Lage ist sicher, ihr könnt die Masken abnehmen.« Ich fühlte mich so erleichtert! Ich eilte zurück und gab Entwarnung, aber Panik und Angst schwebten noch eine Weile in allen Fluren.

Den Vorfall hat niemand jemals wieder erwähnt. Für mich war es wie ein Schock, über den ich nicht mehr richtig hinwegkam. Etwas ging in mir vor, das zum Bild des Mustersoldaten und Hardcore-Kriegers nicht mehr passte. Heute denke ich, dass damals meine Zweifel einsetzten – ohne dass es mir bewusst war.

Am nächsten Morgen herrschte ein merkwürdiges Schweigen beim Frühstück in der Tiefgarage. Alle sagten, sie seien müde, aber es steckte etwas anderes dahinter. Wir kauten an unserer ersten Erfahrung mit dem Feind. Plötzlich war der Krieg real geworden. Wir fühlten uns nicht mehr sicher. Vorher hatten wir unsere Verwundbarkeit weggequatscht und Sprüche geklopft. »Gebt uns endlich unsere verdammten Panzer, und wir erledigen den Rest«, das war unsere Haltung oder wenigstens unsere Hoffnung. Aber an diesem Morgen glichen wir einer Gruppe von Zombies, die auf ihr Plastikgeschirr und die so genannten Rühreier starrten und versuchten, ihre Panik zu verbergen.

Nach dem Vorfall mit der Rakete mussten wir unsere ersten Bromid-Tabletten einnehmen, dieses Scheißzeug von Antigiftgas-Pillen. »Okay Leute, der Ernstfall ist da, keine Widerrede«, hieß es. Die Tabletten wirkten wie Speed, man war immer ein bisschen aufgeputscht. Wir mussten sie ein halbes Jahr lang jeden Tag schlucken, während des Bodenkrieges sogar bis zu neun Stück täglich. Außerdem bekamen wir Spritzen gegen alles Mögliche verpasst, gegen Milzbrand, Malaria und Gelbsucht. Diese Spritzen waren wie eine Tube Zahnpasta, man musste sie regelrecht in den Muskel reindrücken. Viele von uns Golfkriegsveteranen sagen, die Tabletten und Spritzen seien schuld an ihrer Krankheit. Dem Golfkriegssyndrom.

Mir ging es richtig schlecht am Tag nach der Scud-Attacke. Wie einige Kameraden musste ich mich nach dem Frühstück übergeben. Ich fragte mich, sind das nun die Nerven oder die Scheiß-Pillen? An diesem Tag warteten wir wieder vergeblich am Hafen auf unsere Panzer. Ich nutzte den Tag, um Jeff Hanson bei seinen Scouts zu besuchen. Er blödelte herum wie immer und brachte mich zum Lachen. Für einen Moment konnte ich den ganzen Mist, die Scuds und die Panik vergessen.

Einen Monat später, als unser Bataillon bereits im Irak war, traf eine andere Rakete genau die Towers. 27 Reservisten aus Pennsylvania starben, über hundert wurden verletzt.

Schließlich kamen unsere Fahrzeuge. »Alle runter zum Hafen«, rief Sergeant Major Eckert. Als wir dort eintrafen, wurde unsere Ausrüstung gerade ausgeladen. Die Panzer fuhren vom Schiff zunächst auf eine Pontonplattform und dann an Land.

Vor dem neuen Krieg, habe ich viele Stunden vor dem Fernseher verbracht. Habe meine Brüder und Schwestern von der US Army gesehen, wie sie in Kuwait in ihren Camps lebten. Ich weiß, wie es ihnen dabei geht. Ich kenne den Sand, den Wind, die Hitze. Den Stumpfsinn des Wartens. Man denkt immer an das Schlimmste. Für uns war das Gasalarm. Nichts haben wir gefürchtet wie das Gas, den langsamen Tod durch Ersticken.

Ich habe mir oft ausgemalt, im neuen Feldzug dabeizusein. Es gibt wohl nichts in meinem Leben, das ich mir so sehr wünsche, wie unsere damalige Mission abzuschließen. Ich möchte endlich dieses Gefühl loswerden, versagt zu haben. Die Scham darüber, nicht genug getan zu haben. Die Aufgabe nicht erfüllt zu haben, den Irak zu befreien und Saddam Hussein zu verjagen. Andererseits denke ich, daß Saddam Hussein zu Kriegsbeginn nur noch eine Gefahr für sich selbst und für sein Volk war, aber kaum für andere Staaten und schon gar nicht für Amerika! Ich bin für die Freiheit. Aber Freiheit bedeutet nicht überall das Gleiche. Patriotismus, das heißt für mich eben auch, nicht blind zu sein.

Achtzehn Jahre lebe ich nun in Deutschland. Achtzehn Jahre, in denen ich immer deutscher geworden bin. So deutsch, dass ich jetzt ein Problem habe. Ich habe oft im Internet mit amerikanischen Veteranen über Saddam, die UNO, über Amerika und Europa diskutiert. Die schreiben: »Die verfluchten Deutschen fallen uns in den Rücken.« Ich antworte dann: »Leute, die sind doch nicht gegen Amerika, die sind nur gegen diesen Krieg.« Aber das will keiner hören. Da kommt dann keine Antwort.

Ich spreche Deutsch, meistens denke ich sogar deutsch. Ich liebe die Menschen in Deutschland, aber ich liebe eben auch Amerika. Ich brauche nur zu sehen, wie die amerikanische Flagge gehisst wird und dazu unsere Hymne zu hören, und schon schießen mir Tränen in die Augen. Mein Kopf sagt mir, dass dieser Krieg ein Verbrechen ist, und ich bin total dagegen. Aber mein Herz sagt, geh hin und mach mit. Ich bin ein glühender Patriot. Ich lehne die Politik von Präsident Bush ab, aber andererseits weckt er als Präsident meinen Patriotismus, wenn ich ihn auf dem Bildschirm sehe.

Amerika und Deutschland stehen im Moment gegeneinander, das spüre ich in meinem eigenen Kopf. Ich kann immer nur Teile der Wirklichkeit betrachten, es gelingt mir nicht, ein Gesamtbild zusammenzusetzen. Krieg, Freiheit, Öl, Opfer, so wirbelt es in meinem Kopf herum. Die amerikanische Seite in mir sagt, du musst mit deinen Kameraden kämpfen. Aber die deutsche Seite erwidert, es ist Wahnsinn, das zu denken, Krieg ist immer Leid.

Obwohl ich in vielem die Meinung der Deutschen teile, fühle ich mich zurzeit oft in der Defensive. Bei Gesprächen spüre ich einen gewissen Antiamerikanismus. Wenn ich aber nachfrage, stellt sich meistens heraus, dass die Leute zwischen der amerikanischen Regierung und dem Volk zu unterscheiden wissen. Ich spüre, dass die Deutschen die Amerikaner trotz ihrer Kritik nicht als Feinde betrachten. Dieses differenzierte Denken gefällt mir. Deshalb fühle ich mich als Wahldeutscher oder sagen wir, Wahlberliner.

Manchmal kommt mir Amerika vor, als ob das Land eine verspiegelte Mauer um sich errichtet hätte, und in diesem Spiegel sehen die Amerikaner nur sich selbst. Sie sehen, dass sie stark sind und fühlen sich dann noch stärker. Wenn man aber durch die Spiegelmauer nach draußen tritt, ändert sich der Blick. Man bekommt eine andere Wahrnehmung. Man hört andere Nachrichten. Man ist eben draußen. Das ist wirklich ein Problem für mich.

Wüstenlager-Versteckposition, Saudi-Arabien

Ende Januar 1991 verließen wir die Al-Kobar-Towers. Wir wussten: Jetzt wird es ernst. Der Bodenkrieg rückte näher. Wir besprühten unsere Jeeps und Panzer mit Sandfarbe, aber ordentliche Wüstenuniformen bekamen wir nicht. Damals nicht und später auch nicht. Bis zum Schluss mussten wir unsere festen grünen Uniformen tragen. Wieder war es ein Abschied, und wieder kam das Gefühl, das sichere Zuhause zu verlassen. Es waren einige Tage seit der Scud-Attacke vergangen, die Angst hatte sich gelegt. Jetzt flammte sie wieder auf. Ich war an diesem Tag fahrig und nervös.

Schließlich fuhren wir mit dem gesamten Bataillon, zirka 600 Mann und 58 Panzer, einen Tag lang durch die Wüste zu unserer unbekannten Position im Nordwesten. Mir war, als würden wir ewig fahren. Sand, Sand, noch mehr Sand. Sand zur Linken, Sand zur Rechten. Anfangs gab es manchmal noch etwas zu sehen. Einige Dünen hatten weiße Kappen, weiß wie Schnee. Dann aber wurde die Landschaft so monoton, dass alles genau gleich aussah und anfing zusammenzufließen. Sand und Himmel, es gab nur noch eine graue Fläche. Mir fiel es immer schwerer, die Augen offen zu halten. Fast wäre ich von der Straße abgekommen, als Sandverwehungen von beiden Seiten die Fahrbahn verengten.

Die Kolonne hielt an, weil einem LKW der Reifen geplatzt war. Als ein Soldat ihn wechselte, rutschte der Wagenheber ab und quetschte ihm den Arm. Er kam ins Lazarett und wurde schließlich nach Deutschland zurückgeschickt. Böse Zungen sagten, das alles sei Absicht gewesen, um dem Krieg zu entkommen. Er wäre nicht der Einzige gewesen, der das versucht hat. Ich hätte es nie gewagt, mich auf diese Art wegzuschleichen. Vor allem nicht aus einer Armee von Freiwilligen.

Unterwegs trafen wir einen Trupp US-Marines mit einem Panzer und vier Humvees, wie ich auch einen fuhr. Sie hatten kaum Gepäck dabei. Ich fragte sie: »Wo ist denn eure restliche Ausrüstung?« Wir wunderten uns ein wenig, denn wir selber waren recht komfortabel ausgestattet, mit Generatoren, Kühlschränken, Fernsehern, Videorekordern und Sportgeräten für Fitness, Volleyball und Football. Der Marine-Infanterist sah mich überrascht an und sagte: »Wieso? Das hier ist unsere Ausrüstung.« In dem Moment fühlte ich mich wie ein verdammter Zigeuner. Wir mussten beide laut lachen und wünschten uns »ein gutes Gefecht«. Das war unser Gruß in Saudi-Arabien.

Hundert Kilometer von der kuwaitisch-irakischen Grenze entfernt, errichteten wir dann unseren Stützpunkt mitten in der Einöde. Mit Bulldozern schichteten wir einen Sandwall auf, hinter dem wir unsere Panzer und Zelte versteckten. Nach und nach trafen weitere Einheiten ein, bis schließlich unser ganzes Bataillon mit 600 Mann auf den Marschbefehl wartete. Diese Stellung nennt man hide position, Versteckposition. Als wir später vorrückten, nahmen wir die attack position, die Angriffsposition ein.

Jede der fünf Kompanien unseres Bataillons hatte ihr eigenes Camp aufgebaut, im Abstand von ein bis zwei Kilometern. Nun wohnten wir in der Wüste, je zehn Mann in einem Zelt, und versuchten, das Beste draus zu machen. Wir kamen hier weit besser klar als in den Al-Kobar-Towers. Unsere Ausrüstung war genau für diesen Zweck gemacht, und ich glaube, wir alle fühlten uns mehr in unserem Element.

Wir begannen, alles Mögliche zu improvisieren. Wäscheleinen, Ablagen aus Pappe, Tische aus Kartons und etliche andere Dinge. Zur Ausrüstung gehörte ein Klebeband mit unerhörter Konsistenz, das sie in Vietnam benutzt hatten, um Einschusslöcher in Hubschraubern zu flicken. Ich wurde berühmt dafür, was ich alles mit diesem Band fabrizierte. Sergeant Major Eckert sagte: »Gebt Sergeant Kuhn eine Rolle Klebeband, und er wird euch ein fucking Haus damit bauen!«

In der ersten Nacht kam die Angst wieder. In den Al-Kobar-Towers hatten wir uns schließlich eingelebt und uns einigermaßen sicher gefühlt. Aber dies war die Wüste, wir sahen nur Sand, Sand, Sand und wussten nicht, was auf uns zukommen würde. Am Anfang haben wir viel geredet und Witze gerissen, um uns gegenseitig die Angst zu nehmen. Ich lernte meine vier Gefreiten besser kennen, die auch bei mir im Zelt lebten. Wir versuchten, uns an die Wüste zu gewöhnen.

Tagsüber war es glühend heiß, 40 Grad im Schatten und mehr. Es war eine trockene, brennende Hitze. Wir suchten immer den Schatten unter den Tarnnetzen oder in den Zelten.

Sergeant Kuhn mit Jarhead-Haarschnitt (Videoprint).

Wenn es die Chance gab, mit ein wenig Wasser Klamotten zu waschen, konnte man Jacke oder Pullover in die Sonne hängen, und nach fünf Minuten waren sie trocken. Wir nahmen viel Seife, um den Gestank rauszubekommen. Aber Kleidung waschen konnte man nur selten, alle haben entsetzlich gestunken. Weil aber alle stanken, war es auch wieder egal. So heiß es tagsüber war, nachts haben wir gefroren. Die Temperatur sank auf 15 bis 18 Grad ab. Es war richtig kalt, wir mussten unsere Pullover und Wollmützen anziehen.

Bevor es dunkelte, mussten wir immer unsere Schlafsäcke aufhängen, um den Sand rauszuklopfen, aber auch wegen der Skorpione und Kamelspinnen. Die Tiere haben wir gefangen, um kleine Kämpfe mit ihnen zu veranstalten. Skorpion gegen Spinne, meistens hat der Skorpion gewonnen. Es gab auch Tiere in der Wüste, die wie Drachen aussahen, wie kleine Dinosaurier. Einen erwischten wir und legten ihn an die Leine.

Einmal fand ein Soldat einen kleinen Hund, den er behielt und Scud nannte. Ich freute mich über den Hund, weil er die Möglichkeit bot, zu einem anderen Wesen nett zu sein. Ich hätte es nie gewagt, irgendjemandem meine verwundbare Seite zu zeigen oder offen über meine Probleme zu reden. Jeder hatte seinen eigenen Stress, und das Männerleben, das wir führten, ließ es nicht zu, auch nur Mitgefühl zu beweisen. Es war fast ein Tabu. Andererseits wurden viele Witze über Araber, Hispanics oder Schwarze gerissen, und ich lachte gezwungen mit, auch wenn ich die Witze oft furchtbar fand. Entweder du hast mitgelacht, oder du warst nicht normal. Der Hund war etwas anderes, ich habe ihn echt gemocht.

Wir sollten in unserem Bataillon eigentlich keine Frauen haben, aber eine gab es doch, eine Sanitäterin. Sie hat die Situation ausgenutzt und mächtig Geld verdient mit gewissen Service-Angeboten. Auch bei anderen Einheiten wurden Frauen mit Koffern voll Geld erwischt. Vor dem Zelt unserer Sanitäterin stand eigentlich immer eine Schlange von Soldaten. Sicher, sie war Sanitäterin, und vielleicht waren die ja alle wirklich krank. Wir haben über Sex nicht geredet, nur dumme Witze gemacht. In dem Stil: »Wenn ich nach Hause komme, dann...« Ich habe Sex nicht vermisst. Ich vermisste nur menschliche Wärme, Zuneigung.

Damals habe ich viele Briefe geschrieben. An wildfremde Leute in Amerika. Wie jede Kompanie bekamen auch wir schon nach wenigen Tagen kistenweise Post von irgendwelchen Leuten aus den Staaten, so genannte any soldier letters, Briefe an unbekannte Soldaten. Jeder konnte sich welche nehmen und sie beantworten. Ich erinnere mich gut an ein Schreiben, auf das viele rote Herzen gemalt waren. Es kam von einer Frau in Colorado, und was sie schrieb, sprach meinen Stolz an: »Ich weiß, dass Du mich nicht kennst, ich kenne Dich nicht, aber wir stehen voll hinter Euch und würden uns freuen, Post von Dir zu bekommen.«

Einige Soldaten waren wütend, weil sie nie Post bekamen; es lag aber daran, dass sie nie schrieben. Ich habe versucht, so viele Briefe wie möglich zu beantworten. Es gab sowieso nichts zu tun, und wenn man Briefe schrieb, bekam man auch Antworten, das war gut gegen die Langeweile und bildete einen Draht zur Außenwelt. Es half mir, meine Gedanken und Gefühle loszuwerden. Auf eine oberflächliche Art natürlich. Aber immerhin. Bald erhielt ich dauernd Post und war damit beschäftigt, jeden Tag zehn bis zwanzig Briefe zu verfassen. Ich bekam Routine, das einzige Problem war, Papier zu finden. Manchmal

Steven Kuhn auf Wachtposten in der Wüste (Videoprint).

schrieb ich auf die Etiketten von Wasserflaschen. Mit einer Lady aus Kentucky stand ich noch bis vor fünf Jahren in Kontakt.

Jeden Morgen musste man ab vier Uhr in den Löchern am Sandwall sitzen und in die dunkle Wüste glotzen. Wachtposten. Man friert und wartet darauf, dass die Sonne aufgeht und es endlich Frühstück gibt. Man wird auch ziemlich melancholisch und nachdenklich. Natürlich musste ich viel an Anja denken und warum sie mich wohl verlassen hatte. Ich bereute, meiner Mutter und meinen Geschwistern nicht gesagt zu haben, dass ich sie liebte. Aber manchmal habe ich in diesen kalten Nächten auch überlegt, ob ich wirklich mein ganzes Leben bei der Army verbringen will. Zu einem Ergebnis kam ich damals noch nicht. Denn ich war ja fest davon überzeugt, bei der besten Armee der Welt zu sein.

Immerhin fand ich in diesem Stützpunkt jemanden, der mir zuhörte. Sergeant Dillon lernte ich morgens in der Essenschlange kennen, als der LKW mit unseren Frühstücksrationen kam. Ein neues Gesicht, dachte ich, und fing ein Gespräch mit ihm an. Er war US-Koreaner, Artillerieunteroffizier mit dem gleichen Dienstgrad wie ich, ein sehr netter, intelligenter Typ in meinem Alter. Er hatte eine coole, ruhige Art, die mir sofort Vertrauen einflößte. Wir kamen ins Gespräch über dies und das, als irgendein Blödmann eine dumme Bemerkung machte, um mich zu provozieren. Dillon ging sofort dazwischen: »Ey, lass mal...« Hat den Zorn auf sich gelenkt und abgebogen. Ganz ruhig, ganz selbstverständlich. Er ließ den Typ wie einen Idioten aussehen. Ich bewunderte ihn dafür.

Wenn ich heute darüber nachdenke, fällt mir auf, dass ich von Sergeant Dillon eigentlich überhaupt nichts weiß. Nicht, woher er stammte, was er erreichen wollte, welche Träume er hatte. Ich weiß nur, dass er eine Frau hatte und ein Kind unterwegs war. Wir trafen uns immer beim Essen. Im Grunde hat er nicht mit mir geredet, sondern ich mit ihm. Er hatte keine Antworten, aber er hat mir zugehört, und es war ihm nicht peinlich. Er war irgendwie echt, hat sich nicht verbogen, redete nicht in diesem Army-Großmaul-Slang voller »shit« und »fuck«.

Wir freundeten uns an. Er konnte mir die Hand auf die Schulter legen, mich beruhigen, wenn ich aufgeregt war. Damals ahnte ich nicht, dass Sergeant Dillon zwei Monate später vor meinen Augen sterben würde. Seinen Vornamen habe ich jetzt erst erfahren. Er hieß Young W. Dillon. In seiner Kaserne in Hanau hat man ein Gebäude nach ihm benannt.

Etwa drei Wochen verbrachten wir in dem Wüstencamp, und wieder trat dieser verrückte Gewöhnungseffekt ein. Weil nichts Gefährliches passierte, verging die Angst und wich wieder der Routine. Es war überhaupt nichts los. Wir saßen in unserer Sandburg und rotteten vor uns hin. Es war ein bisschen wie im Manöver, die dauerten auch wochenlang, und man hockte irgendwo in der Pampa. Manchmal näherten sich Beduinen mit ihren Kamelen, die wir verscheuchten. Wir sollten keinerlei Kontakt mit ihnen aufnehmen. So lautete der Befehl.

Die Tage wurden durch das Essen strukturiert. Dreimal täglich kam ein Lastwagen mit diesen braunen Beuteln, die auf der ganzen Welt als MRE bekannt sind. Meals ready to eat, Fertiggerichte für Soldaten. Schweinefleisch mit Tomatensauce, Rindfleisch mit Reis und Soße, Gemüseeintopf, manchmal eine Miniflasche Tabasco, dazu gepressten Kuchen oder Kekse, die wie Pappe schmeckten. Das Essen war im allgemeinen nicht schlecht, aber es wiederholte sich dauernd; manchmal hatten wir fünf Tage hintereinander Rindfleisch.

Zum Frühstück gab es das Gleiche oder Matsch-Omelett. Gulaschkanonen gibt es bei der Army nicht mehr. Oder nur ganz selten. Nach dem Waffenstillstand kam mal ein Wagen mit gegrillten Hühnern bei uns vorbei. Als der Koch ihn öffnete, saßen tausende von Fliegen auf den Keulen. Wir haben sie trotzdem gegessen. Wenn wir Zeit hatten, kippten wir die Rationen in unsere Aluflaschen und stellen sie auf den Auspuff des Panzers, dann waren sie innerhalb von drei Minuten heiß. Meistens waren wir aber zu faul dazu und haben das Zeug kalt gelöffelt.

Viele Kameraden packte nach ein oder zwei Wochen der Lagerkoller. Sie sagten: »Wann können wir die Iraker denn endlich drankriegen?« Sie pöbelten herum. Hin und wieder haben wir noch Schießen geübt, manchmal auch Volleyball gespielt, aber militärisches Training wurde kaum mal veranstaltet. Man verlor das Zeitgefühl.

Da nur die Offiziere und Unteroffiziere Fernseher hatten, wussten wir einfachen Soldaten wenig über die militärische Lage. Ich drehte immer an meinem kleinen Radio, bekam aber nur selten etwas rein, das ich verstehen konnte, Voice of America zum Beispiel oder Deutsche Welle. Wobei mein Deutsch leider noch nicht gut genug war, um alles zu erfassen. Sicher ist nur, dass damals noch nicht von einem chirurgischen Krieg die Rede war. Man sprach von einem großen Wüstenkrieg mit tausenden von Toten.

Einer aus dem Bataillon hatte sich in Dhahran einen Minifernseher gekauft, aber das Bild war in Schwarzweiß und der Empfang lausig. Meistens saßen so viele Leute vor dem Gerät, dass man sowieso nichts sehen konnte. Ich habe zweimal CNN auf diesem Fernseher geguckt, als der Luftkrieg gerade anfing – alles verschneit, ein paar helle Punkte, das war alles. Aber den CNN-Jingle habe ich immer noch im Ohr. Wenn ich den höre, fallen mir sofort die Al-Kobar-Towers ein und ich kriege eine Gänsehaut.

In der Wüste habe ich keine einzige Sendung gesehen, weder auf unserem Mini-TV noch in einem anderen Camp. Erst viel später, als wir schon lange im Irak waren, habe ich mal einen Videofilm angeschaut. Es lief »Rambo« mit Sylvester Stallone. Ein Kriegsfilm, in dem wir die Helden sind. Ein richtiger Film für Soldaten. Liebesfilme wirst du da draußen nie sehen können. Man denkt ohnehin ständig an Frauen, die nicht da sind oder die man nicht anrufen kann. Da wären Liebesfilme reichlich demotivierend.

Nein, man guckt sich nur Filme an, die einen anmachen. In denen es um Helden geht, um Gewinner. Um Krieger. Wir wollten uns bestätigen, was man in der Army sowieso denkt: Wir sind die Größten. Unser Land ist das beste. An uns kommt keiner ran. Wie in den Wildwestbüchern, die ich mir mitgenommen hatte. Um ein guter Krieger zu sein, muss man sich motivieren. Hochputschen. Aber wir besaßen ja nicht mal einen ordentlichen Fernseher in unserem Camp.

Ich hatte es etwas besser als die meisten anderen Soldaten, da ich nicht im Camp festgenagelt war. Als persönlicher Fahrer des Sergeant Major war ich viel mit dem Humvee-Jeep unterwegs. Wir kontrollierten täglich die anderen Camps und fuhren zu unserem Hauptquartier, das fünfzig Kilometer entfernt war. Der Sergeant Major hatte dauernd dort zu tun. Wahrscheinlich ging es um die Invasionsvorbereitungen. Mir hat er davon aber nichts erzählt.

Uns sagte sowieso niemand, ob und wann wir in den Krieg ziehen würden. Wir lebten in einer belastenden Ungewissheit. Es gab ein paar Meetings, doch viel erfuhren wir dort nicht. Es hätte sein können, und das wünschten wir uns insgeheim, dass wir beim Angriff hinten stünden. Aber dann sollte es doch ganz anders kommen.

Vorher geschah etwas, das meine Zweifel wieder weckte. Eines Nachts riss ein Vorgesetzter ganz außer Atem unser Zelt auf und brüllte: »Ich brauche Freiwillige am M-60-Maschinengewehr.« Ein Lastwagen, aus dem geschossen wurde, war angeblich auf dem Weg zu unserem Camp. Ich duckte mich in meinen Schlafsack und zögerte. Ich meldete mich erst, als ein anderer schon den Finger gehoben, seine Schutzweste umgeschnallt und mit dem M-60 rausgerannt war. Keine Ahnung, warum meine Hand nicht wie seine nach oben geschnellt war.

Sofort dachte ich wieder, was ist nur los mit dir? Du, der perfekte Soldat, zögerst, wenn es etwas zu erledigen gibt? Es war, als ob sich der Zweifel schon in mir eingenistet hätte. Das war bereits das zweite Mal, dass ich bei einer Gefahr regelrecht einfror. Wieder hatte ich das Gefühl, versagt zu haben. Dieses Gefühl machte mich langsamer, und das ist gefährlich im Krieg. Entweder ich schieße oder der Feind. Zögern bedeutet Verwundung und Tod. Auch für meine Kameraden.

In dieser Nacht wurde mir klar, dass ich Angst hatte, höllische Angst. Ich hatte sogar Angst davor, Angst zu haben. Ich fragte mich, ob ich wirklich der Aufgabe gewachsen war, die vor uns lag. Das Wort Versager erschien vor meinem inneren Auge, und es verschwand nicht mehr. Was war nur aus dem Mann geworden, der hier sein wollte, um zu tun, was er gelernt hatte? Der ein Held sein wollte? Ein harter Krieger?

Ich rollte mich zusammen und machte mich so klein wie möglich, was bei meiner Körpergröße nicht leicht ist. Ich fürchtete, eine der Kugeln aus dem Laster könnte sich in unser Zelt verirren. Ich wollte mich am liebsten im Sand verkriechen, und ich glaube, den anderen ging es genauso. Keiner traute sich aufzustehen, aber alle linsten ängstlich hinaus. Draußen konnten wir einen Feuerball und Leuchtspurgeschosse sehen. Das ist verdammt nah, dachte ich und starrte in den Nachthimmel, als könnte ich damit die Kugeln ablenken.

Wenig später kam unser Kamerad zurück. Es stellte sich heraus, dass ein kleiner Ofen explodiert und dadurch ein Munitionszelt im benachbarten Camp in die Luft gegangen war. Es hatte nie einen feindlichen Lastwagen gegeben. Ich atmete durch und versuchte einzuschlafen. Ich sagte zu mir, Steven, sei Soldat, vergiss diese verdammte Angst. Aber sie war im Kopf, sie verging nicht mehr.

Nach drei Wochen zogen wir aus der Versteck- in die Angriffsposition. Ganz plötzlich, von einem Tag auf den anderen. Sergeant Major Eckert versammelte uns im Camp, hielt eine kurze Ansprache und sagte: »Morgen früh um fucking sechs Uhr rücken wir weiter nach Nordwesten vor, Richtung Irak. Alles, was wir nicht mitnehmen können, wird zerstört. Wir lassen hier nichts funktionsfähig zurück.«

Uns blieb etwas weniger als ein Tag, um das Wüstenlager zu verlassen. Also haben wir am Morgen alles verbrannt, was überflüssig war: Zelte, Abdeckungsnetze, Volleybälle, aber auch die Kühlschränke, Fernseher und Holzlatrinen. Sogar einen nagelneuen Honda-Generator, ein ziemlich teures Aggregat, gaben wir auf. Wir schoben die Sachen auf einen Haufen, gossen

Benzin drüber und zündeten sie an. Wir dachten ja, wir brauchen ohnehin nichts mehr. Viele von uns glaubten, dass wir in den sicheren Tod gehen und als Helden sterben würden. Oder zumindest eine verflucht lange Zeit zu kämpfen hätten.

Merkwürdig war die Aktion trotzdem, weil die Army sonst äußerst pingelig ist und die kleinste Kleinigkeit zigmal registriert, nicht nur jede Waffe und Maschine, auch jedes Uniformteil, jedes Seil oder jede Tablette. Wie auch immer, wir warfen wirklich alles in die Flammen, was wir nicht unbedingt brauchten oder mitnehmen konnten. Wir entfachten ein ganz schön großes Feuer. Ein Soldat verbrannte sich böse den Arm. Einige Kompanien brachten es allerdings nicht über sich, ihre nutzlosen Geräte zu verbrennen und ließen sie einfach in der Wüste zurück. Sergeant Major Eckert war nicht sehr begeistert. Es sollte ja nichts irgendjemandem in die Hände fallen. Aber dann sagte er: »Okay, lasst den Kram liegen, es ist Krieg, wir müssen los.« Die Beduinen werden sich gefreut haben.

Wüstenlager-Angriffsposition, Saudi-Arabien

Wir näherten uns dem Irak. Die nächsten vierzehn Tage verbrachten wir schon in der Angriffsposition, dicht an der Grenze. Dort bauten wir keinen kreisrunden Sandwall mehr, sondern legten einen sternförmigen Damm an. An jeder Spitze des Sterns errichteten wir eine Sandsackstellung für die Wachtposten, so dass es keinen toten Winkel mehr gab, wenn alle Posten besetzt waren. Wir hatten auch keine Zelte mehr, keine Fernseher und ähnlichen Kram, sondern nur noch die Feldbetten. Fast alle schliefen unter freiem Himmel.

Ich empfand wieder Angst. Eine Angst und eine Spannung, die sich jeden Tag steigerte. Wir spürten, dass wir näher an den Krieg rückten. Alle waren besorgt. Ständig dröhnten die Flugzeuge der Kriegskoalition über uns. Jeden Tag wurde mindestens einmal Scud-Alarm gegeben. Dann mussten wir sofort in einen der Unterstände kriechen, die wir zuvor ausgehoben hatten. Ich überlegte, wie groß wohl die Wahrscheinlichkeit war, dass uns eine Rakete mitten in der Wüste treffen würde? Abends färbte sich der Himmel rot von Bombenabwürfen in der

Ferne. Man hörte ein massives Grollen. Der Boden vibrierte. Es war zum Fürchten.

Meine Gedanken kreisten aber weniger um den Tod als darum, was ich vielleicht zu tun vergessen hatte. Gab es Dinge, die ich noch hätte erledigen können? Hatte ich Worte nicht gesagt, die ich noch hätte sagen können? In meiner Familie hatten wir nie über Liebe geredet. Das beschäftigte mich sehr. Ich dachte an meine Mom, meinen Bruder, meine Schwester. Was hätte ich ihnen noch sagen wollen?

Jeff Hanson, mein alter Kumpel, hat mir damals sehr geholfen. In Deutschland hatten wir uns einfach gut verstanden und viel Blödsinn veranstaltet. In Saudi-Arabien kamen wir uns menschlich viel näher, weil wir ernsthaft miteinander redeten. Als Soldat neigt man ja sonst nicht gerade dazu, Gefühle zu zeigen. Über Ängste zu sprechen ist tabu. Jeder behält seine Probleme für sich. Ich hätte es im Leben nicht fertig gebracht, über meine Zweifel zu sprechen. Aber mit Jeff konnte ich wenigstens über die Angst vor dem Gas und vor den Irakern reden. Er hat mich psychisch immer aufgerichtet.

Jeffs Camp lag ein paar Kilometer entfernt von unserem. Da mein Chef jeden Tag alle anderen Lager des Bataillons abfuhr, nutzte ich die Gelegenheit, meinen Freund zu besuchen. Ich sagte: »Sergeant Major, ich bin bei Jeff.« – »Okay.« Jeff hatte sein kleines, rundes Zelt tief in den Sand gegraben. Wir haben über seine Frau geredet, er sagte, er habe lange nichts mehr gehört und frage sich, ob sie wohl mit einem andern rummache. Ich erzählte ihm, dass meine Verlobte mich verlassen habe, und wir richteten uns gegenseitig ein bisschen auf. Das war erlösend. Ich freute mich jeden Tag auf unser Treffen.

Nach vierzehn Tagen begannen wir, uns in Bewegung zu setzen. Inzwischen war der Tross mächtig angewachsen, drei Divisionen sammelten sich hinter uns, elf Brigaden, über 20 000 Soldaten. In drei parallelen Kolonnen, je 1000 Meter auseinander, fuhren wir nach Westen. Wir sollten nach dem Überqueren der irakischen Grenze in einer Zangenbewegung Richtung Basra vorstoßen und schließlich im Irak durch die Reihen der Republikanischen Garde von Saddam Hussein stoßen. Und unser Bataillon, die achte Kavallerie, führte das gesamte Corps an. In dieser Formation sollten wir dann auch ins Gefecht ziehen.

Aus der Luft sah das Ganze bestimmt eindrucksvoll aus. Vorneweg die Minenräumer und Späher, dann die Panzer, die Infanterie in ihren Schützenpanzern, schließlich die Versorgung mit Wasser, Lebensmitteln und dem Koch. Die Infanterie heißt nur noch so, kein Soldat läuft heute mehr. Unser Bataillon zählte zur Kavallerie, aber wir hatten natürlich auch keine Pferde. Ich gehörte als Fahrer zur Kommunikationsabteilung des Hauptquartiers, wir folgten gleich hinter den Panzern.

Dann saßen wir alle auf und fuhren los. Anfangs ging es schleppend voran. So weit ich gucken konnte, sah ich unsere Fahrzeuge. Endlose Kolonnen in jeder Richtung. Und ich wusste, dahinter kamen immer noch mehr Panzer, Jeeps und Lastwagen. Wow, dachte ich, wir sind schon eine gewaltige Streitmacht! Und ich überlegte, dass wir vielleicht doch nicht so viele Verluste haben würden wie befürchtet.

Die gesamte Kolonne war 200 Kilometer lang und 25 Kilometer breit. Logistisch war der Vormarsch ein Meisterwerk, aber wir mussten auch oft anhalten. Einmal haben wir probiert, uns abends zu bewegen, das ging gründlich schief. Tankwagen kamen nicht bis vorne, uns ging der Sprit aus, die Versorgung brach zusammen, weil im Dunkeln niemand mehr wusste, wohin er sollte oder zu wem er gehörte. Alles kam durcheinander. Überall blinkten farbige Lichter, Fahrer fluchten, Verbände lösten sich auf. Ich habe selten ein solches Chaos gesehen und wunderte mich, dass unsere mächtige Armee nicht in der Lage war, ein simples Transportproblem zu lösen.

Wir haben danach nie wieder versucht, nachts vorzurücken. Von nun an bewegten wir uns nur noch bei Tageslicht, immer nordwestwärts an der saudisch-irakischen Grenze entlang, jeden Tag 20 bis 30 Kilometer. Mir kam das zwar seltsam vor, denn die Nacht bietet die beste Tarnung für einen Angriff, aber Befehl war Befehl. Auf jeden Fall war es besser, nachts Wache zu schieben, als sein Abendessen irgendwo zwischen hunderten Fahrzeugen und tausenden orientierungsloser Soldaten suchen zu müssen.

Unser Vormarsch kam mir endlos vor. Direkt hinter der Grenze, so hieß es damals, stehe der Feind – die siebtgrößte Armee der Erde, mit Scud-Raketen, Giftgas und Biowaffen. Deswegen mussten wir immer die Gasuniform anziehen. Stiefel,

Hose und Jacke waren aus Plastik, absolut luftdicht, nur Kopf und Hände waren frei, man hat geschwitzt wie ein Irrer. Inzwischen war es Ende Februar und tagsüber mit vierzig Grad höllisch heiß. Der Schweiß konnte nicht verdunsten und sammelte sich in den ABC-Stiefeln. Wenn man lief, schwappte das Wasser, es stand zehn Zentimeter hoch. Abends kippten wir es aus den Stiefeln.

Die ABC-Kleidung enthielt auch eine Art Kohlefilter, davon färbte sich der ganze Körper schwarz. Das habe ich auf einem Video. Es sieht komisch aus. Aber es war nicht so komisch, denn man hat das Zeug einfach nicht mehr abgekriegt. Dazu kamen die Fliegen. In der Wüste gab es überall Fliegen, tausende, wahrscheinlich Millionen von Fliegen. Um sie loszuwerden, sprühten wir uns mit Insektenspray ein.

Einmal bekamen wir ein Gerät geschickt, das sich bei näherem Hinsehen als Dusche entpuppte, was einer gewissen Komik nicht entbehrte. An Duschen war überhaupt nicht zu denken. Jeder erhielt pro Tag eine Wasserflasche, die gerade für eine Katzenwäsche reichte. Wir waren ja schon froh, wenn wir Wasser zum Trinken hatten. Mein Bataillon fuhr so weit vorne, dass der Nachschub uns oft nicht mehr erreichte. Bei 40 Grad im Schatten hast du dann die Wahl: Trinkst du oder wäschst du dich? Ich glaube, ich habe damals fast drei Monate nicht geduscht. Aber nach ein paar Tagen merkst du gar nicht mehr, dass dir was fehlt.

Wer vorne ist, hat es immer schwer. Einmal sind Sergeant Major Eckert und ich nachts den ganzen Tross bis nach hinten gefahren, um Wasser zu besorgen. Dort standen diese riesigen Lastwagen voll mit Kanistern, und bei uns kam so gut wie nichts mehr an! Da haben wir das Wasser einfach geklaut, den ganzen Jeep vollgeladen, und weg.

Diese Probleme entstehen immer, wenn tausende von Soldaten versorgt werden müssen. Im Irak haben sie jetzt Stress mit dem Treibstoff an der Front gehabt, Panzer konnten nicht fahren und Jäger nicht starten, weil Sprit fehlte. Warum? Weil ein Gefreiter mit seinem Tanklaster fünfhundert Kilometer bis zur vordersten Frontlinie braucht und unterwegs an einem Dutzend Offizieren vorbeikommt, die alle sagen: »Halt, wir brauchen dein Benzin!« Wie soll er sich als Gefreiter dagegen wehren?

Jeden Abend schlugen wir unser Lager an einer anderen Stelle auf. Es war immer das Gleiche: Stellung sichern, Schlafloch schaufeln, Kampfloch ausheben. Jeden Abend! Für die Feldbetten mussten wir immer eine Grube graben, die so tief war, dass eine Handbreit bis zur Oberfläche blieb, wenn wir drinlagen. Wir schliefen ja unter freiem Himmel.

In dieser Zeit lernten wir alles über den Sand der Wüste. Feinen Sand, groben Sand, festen Sand, losen Sand. Es gab Sand, da musste man riesige Löcher graben, weil immer alles nachrutschte. Es gab anderen Sand, der hart war wie Beton, so dass man eine Hacke brauchte, um ihn aufzubrechen. Oder Sand, der fein war wie Pulver, bei dem man es nicht mal schaffte, eine Kuhle zu schaufeln. Am besten war der weiche Sand, der noch ein bisschen feucht war. In der ersten Nacht sagte ich mir damals, das dauert mir alles viel zu lange, ich spare mir das Feldbett und buddele nur ein Loch für mich und meinen Schlafsack. Es war loser Sand.

Ich borgte mir einen Leichensack, kroch hinein, zog meinen Schlafsack drüber und den Reißverschluss hoch und legte mich hin. Keuchend und nach Luft schnappend wachte ich mitten in der Nacht auf. Überall war Sand, in meinem Mund, in der Nase, den Haaren. Es kam mir vor, als läge eine Tonne Sand auf mir. Ich war völlig desorientiert und geriet in Panik. Ich wollte den Reißverschluss des Schlafsacks öffnen, bekam die Hände aber nicht aus dem Leichensack. Je mehr ich mich bewegte, desto mehr Sand fiel auf mich drauf. Ich strampelte und kämpfte. Ich hatte heftige Angst zu ersticken, als ich schließlich laut um Hilfe rief. Danach habe ich mir immer ein richtiges Loch ausgehoben und mein Feldbett hineingestellt.

Das Schlimmste waren die Sandstürme. Es gab die Sandstürme und die Sandteufel, kleine Wirbelstürme, die dir das Zelt wegreißen können. Wir haben versucht, Sandteufel zu jagen, weil man mit einer Plane auf ihnen surfen kann. Sandteufel sind harmlos, aber gegen Sandstürme kommst du nicht an. Du wirst den Sand ohnehin nie los, aber im Sturm drückt er sich sogar durch das Gewebe deiner dichtesten Kleidung. Du ziehst dich abends aus, und aus allen Klamotten rieselt es. Es ist ganz anderer Sand, als wir ihn kennen. Der Sand im Sturm ist wie Pulver, und er tut weh, wenn er auf die Haut trifft.

Wenn ich die Bilder unserer Soldaten aus dem Irak sehe, die neben ihren Panzern Schutz suchen vor dem Sturm, muss ich daran denken, wie unheimlich das ist. Du sitzt im Zelt, es rüttelt und schüttelt, Sand dringt durch die Ritzen, und du hast das Gefühl, alles könnte jederzeit wegfliegen. Es muss schrecklich sein zu wissen, dass der Feind in diesem Sturm lauert. Du klammerst dich an den Gedanken, dass es dem Feind genauso geht. Du siehst ihn nicht, er sieht dich nicht. Und du kannst kaum atmen, weil dir der Sand Mund und Nase verklebt.

Ich habe den Sand gehasst, ich habe gesagt, nie wieder lege ich mich an einen Strand. Noch Monate nach dem Krieg habe ich Sand aus meinen Sachen geschüttelt. Der Sand war überall, wo er nicht sein sollte, im Essen, im Wasser, in Mund, Nase, Ohren, in jeder verdammten Körperöffnung. Aus den Haaren kriegte man den Sand nie raus, er rieb sich in die Kopfhaut. Die Augen brannten, auf den Zähnen knirschte es, im Schlaf scheuerte man sich wund. Unsere Sonnenbrillen waren nach ein paar Tagen nutzlos, man konnte so gut wie nichts mehr durch sie sehen, aber wir bekamen keine neuen. Zum Glück hatten die Nachtsichtgeräte einen Plastikdeckel zum Abnehmen. Wir haben den Sand verflucht. An den Sand gewöhnst du dich nicht. Alle haben den Sand gehasst.

Von Tag zu Tag wurde die Stimmung angespannter. Wir zogen immer weiter, aber wir wussten nicht, wo genau wir waren. Keiner sagte uns, wann die Invasion beginnen sollte und wohin es ging. Wir tappten im Dunkeln. Dann hieß es wieder: »Halt!« Und wir haben uns eingegraben. Ich hatte das Pech, dass ich auch für meinen Kommandanten immer noch das Loch schaufeln musste, anschließend meine eigene Grube, dann noch unseren Unterstand. Oft kam ich nur zwei oder drei Stunden zum Schlafen. Man war im Grunde dauernd auf Adrenalin, und zwischendurch fiel man in diese power naps, diesen Dreiminutenschlaf.

Eines Morgens stoppte die Kolonne plötzlich kurz nach dem Aufbruch. Wie sich herausstellte, war ein Oberfeldwebel nicht rechtzeitig wach geworden, weil er wahrscheinlich zu müde war, und ein Panzer hatte ihn überrollt. Der Mann war achtzehn Jahre bei der Army gewesen, er hatte Vietnam überlebt, und dann wurde er vom eigenen Panzer getötet!

Ich dachte damals, wie gern würde ich selbst wieder im Panzer sitzen, so wie ich es gelernt hatte. Im Panzer fühlst du dich sicher, geschützt, obwohl das letztlich auch nicht stimmt. Aber ich saß nicht im Panzer, sondern in diesem Scheiß-Humvee, der mir vorkam wie aus Plastik. Um mich notdürftig zu schützen, hatte ich einen Sandsack auf den Boden gepackt und Splitterjacken an der Tür aufgehängt, falls wir über eine Mine fuhren. Aber ein richtiger Schutz war das nicht.

Damals hatte ich begonnen, eine Art Videotagebuch zu führen. Am 25. Februar 1991 stellte ich mich vor den Humvee in der Wüste, im Hintergrund unsere Marschkolonne, und sprach in meine Kamera: »Wir stehen jetzt fünfzig Kilometer vor der irakischen Grenze und können im Dunkeln die Bombenblitze sehen. Hier herrscht höchste Spannung, denn wir rücken näher an das, was kommen wird. Ich dachte, ich wüsste, was es heißt, müde zu sein, aber momentan kriege ich nachts nur ein bis zwei Stunden Schlaf. Ich hoffe, unsere Bomber passen gut auf. Es macht mich nervös, mit diesem Jeep in die Schlacht zu fahren. Er ist ein ziemlich leichtes Auto und im Gefecht nicht sicher. Ich habe keine Ahnung, wie ich reagiere, wenn es losgeht. Aber keine Sorge, ich werde es schon packen.«

Ich machte mir zu Recht Gedanken über die bevorstehenden Kämpfe. Noch am Abend des gleichen Tages kam ein General namens Franks – nicht General Tommy Franks – mit dem Hubschrauber bei uns eingeschwebt. Das war schon etwas Besonderes, denn einen General bekommt man nicht jeden Tag zu Gesicht. Den Oberbefehlshaber General Schwartzkopf habe ich damals nie gesehen. Wir versammelten uns daraufhin alle, eine riesige Masse von Soldaten mitten in der Wüste.

Der General, ein stattlicher großer Mann, hatte wie alle Generäle eine laute Stimme und hielt eine kurze Rede. Er sagte: »Soldaten, morgen trefft ihr auf den Feind. Ihr seid tapfer, und ihr tut das für unser Land. Ihr wisst, dass es um die Freiheit geht. God bless America.« Und wir sagten: »Die machen wir fertig.« Solche Sprüche musst du klopfen, um deine Angst zu bekämpfen. Wer behauptet, dass er im Krieg keine Angst hat, der lügt.

Ich sagte mir immer wieder, Soldat sein bedeutet, hart zu sein und das Richtige zur richtigen Zeit zu tun. Und ja, ich war der

Richtige für diesen Job. Ich musste tun, wofür man mich trainiert hatte. Ich bin ein guter Soldat. Ein sehr guter Soldat. Das dachte ich, als ich in meinen Schlafsack kroch.

Gegen sechs Uhr morgens fuhren wir durch die Erdwälle, die Saddams Leute an der Grenze aufgeschichtet hatten. Unsere Techniker, die engineers, wie wir sie nannten, hatten bereits mit Bulldozern eine Schneise gebrochen und den Weg mit Minenräumgeräten gesäubert. Ein Army-Laster, der ein bisschen davon abkam, fuhr auf eine Mine und wurde in die Luft geschleudert. Es war ein großer Laster, der Fahrer wurde zum Glück nur verwundet.

Das war am 25. Februar 1991, für uns der Beginn des Bodenkriegs. Unsere Nerven waren aufs Äußerste gespannt. Aber wir waren auch froh, dass es endlich losging.

Ausgetrocknetes Flussbett nahe Basra, Irak

Wir wussten über den Irak so gut wie nichts, außer dass Saddam Hussein Kuwait besetzt hatte. Darüber hinaus hörten wir nur, die Iraker hätten in Kuwait Frauen vergewaltigt und Babies in Brutkästen getötet. Später stellte sich heraus, dass die Brutkasten-Geschichte reine Propaganda war, aber damals wussten wir das nicht. Wir dachten nur, was sind das für Tiere.

Wir waren allgemein schlecht informiert. Das Internet gab es noch nicht, ebenso wenig wie Handys. Briefe kamen normalerweise mit wochenlanger Verspätung, Zeitungen auch. Unsere einzige Informationsquelle war in der Regel das Army-Blatt »Stars and Stripes«. Und selbst das war meist einige Tage alt.

Wir wussten auch so gut wie nichts über die Strategie des Angriffs. Natürlich ging es darum, Kuwait zu befreien. Aber wir waren felsenfest überzeugt, dass wir Saddam Hussein verjagen sollten. Es gab wohl keinen Soldaten der Koalition, jedenfalls in meinem Bataillon, der nicht glaubte, dass wir bis Bagdad marschieren würden. Umso größer war später die Enttäuschung, als das nicht geschah. Wobei Enttäuschung ein viel zu schwaches Wort ist.

Als wir in den Irak einmarschierten, fühlte ich Hass. Ich wollte Rache, obwohl ich selbst gar keine Iraker kannte und mit Kuwait und der ganzen Politik dort nichts zu tun hatte. Es war eben die Stimmung. Wie alle darüber redeten. Was man uns damals erzählte. Wie auch immer: Die Iraker waren der Feind, der Feind war böse, und ich hasste den Feind.

Es klingt sicher seltsam, aber es gab da auch ein privates Element. Ich hatte immer noch diese Wut im Bauch, weil meine Verlobte mich verlassen hatte. Im Wüstenlager hatte ich einen Brief ihrer Eltern bekommen, in dem sie mir alles ausführlich erklärten. Scheiße, komplette Scheiße, dachte ich. Ich fühlte mich so verlassen, als ich sie am meisten gebraucht hätte. Es war so typisch. Die Hälfte aller Army-Lieder handeln davon, wie deine Frau sich einen anderen nimmt, während du in den Kampf ziehst.

Aber wenn es dir dann selbst passiert, kannst du mit niemandem darüber sprechen. Ich habe die Wut damals in mich reingefressen und wohl auch auf die Iraker gerichtet. Ich dachte nur, der Irak hat mir meine Verlobte genommen. Dieser Scheiß-Irak ist schuld daran. Es war kindisch. Aber die Wut war da, als es in den Kampf ging. Die Wut und die Angst.

Der Himmel war grau an jenem Tag. Es fiel ein feiner Nieselregen, aber es war tropisch warm. Ich glaube, tausende von Soldaten überschritten zugleich die irakische Grenze. Mit Sergeant Major Eckert fuhr ich direkt hinter den Panzern. Wir, die achte Kavallerie der dritten Panzerdivision, führten das gesamte Corps an! Weiter vorne ging es nicht. Bei der gesamten Invasion waren wir vorn an der Front. Mir war verdammt mulmig zumute. Ich hätte mir gewünscht, weiter hinten eingesetzt zu werden. Die Jungs im Panzer waren ja gut geschützt, aber wir in unserem leichten Geländewagen?

Ich glaube, wir hatten uns alle geistig darauf eingestellt zu sterben. Wir dachten, es wird sehr bald losgehen, dann folgt ein elend langer Kampf und am Ende der Tod. Deshalb hatten wir ja auch alles hinter uns gelassen und verbrannt. Doch zunächst lief die Invasion leichter als erwartet.

Die irakische Wüste sah anders aus als in Saudi-Arabien. Sie war grüner, es gab Gras und kleine Büsche. Plötzlich erblickten wir ein seltsames Schauspiel. Wir sahen irakische Soldaten mitten in der Wüste, die mit erhobenen Armen auf uns zukamen. Erst in diesem Moment fielen uns all die Unterstände auf, die

Irakische Soldaten ergeben sich den Truppen der Alliierten zu Beginn des Bodenkrieges (Videoprint).

perfekt im Sand versteckt waren. Wir hatten sie zuvor nicht bemerkt. Aus ihnen stiegen hunderte, vielleicht tausende Iraker, die sich uns ergaben. Sie wirkten ausgehungert und demoralisiert.

Trotzdem hieß es: »Bleibt wachsam, das ist nur die Vorhut, das sind nicht die wahren irakischen Truppen, die Kern-Armee kommt später.« Wir stießen weiter vor, äußerst gespannt, doch immer wieder geschah das Gleiche.

Die Leute krochen aus ihren Erdlöchern, die wir damals Bunker nannten, schwenkten weiße Tücher und ließen sich ohne jeden Widerstand festnehmen. Kein einziger Schuss fiel an diesem Tag, und ich dachte, der Krieg sei doch harmloser als befürchtet. Als es dunkelte, stoppten wir und schlugen unser Nachtlager auf.

Am nächsten Tag, dem 26. Februar, erreichten wir gegen Mittag ein ausgetrocknetes Flussbett, ein so genanntes Wadi. Es war etwa vier Kilometer breit und sanft gewölbt, und als wir am Rand standen und hinunterblickten, sahen wir dort einige Iraker in kleinen Gruppen bei ihren Gefechtsständen stehen. Sie hoben die Hände, wie wir es inzwischen gewohnt waren. In der

Luft lagen leichte Schleier vom andauernden Nieselregen, der Himmel war so grau wie die Erde.

Wir schickten vier leichte und zwei schwere Panzer in die Senke hinunter. Ganz vorne dabei war mein Freund Jeff Hanson. Als unsere Leute sich auf die »Bunker« zubewegten, um die Iraker festzunehmen, verschwanden diese wieder in ihren Unterständen. Plötzlich hörte ich ein Maschinengewehr rattern, und im Funk sagten sie aufgeregt, dass Jeff plötzlich auf einen LKW geschossen habe.

Wir standen mit unserem Humvee ziemlich genau am Talrand, als das Chaos losbrach. Mit einem Mal begann schwere Artillerie auf unsere Panzer zu feuern. Granaten und Raketen explodierten um uns herum. Geschosse pfiffen durch die Luft. Es war ein Hinterhalt der gefürchteten Republikanischen Garde, der Elitetruppe Saddam Husseins.

Eine heftige Panzer- und Artillerieschlacht begann. Ein richtiges Gemetzel. Mit allem, was wir hatten, gingen wir aufeinander los. Wie wir später hörten, sollen unseren zwanzigtausend Soldaten etwa sechs- bis siebentausend auf der irakischen Seite gegenübergestanden haben.

Ich konnte trotz des Regens alles genau sehen. Die irakischen Panzer standen auf der anderen Seite des Wadis. Ich musste mich konzentrieren, um die Unterstände in der Talsohle vom Wüstensand unterscheiden zu können, so perfekt waren sie an den Boden angepasst. Aus diesen Unterständen sprangen dauernd Iraker mit Panzerfäusten heraus und schossen auf unsere Panzer, die das Feuer erwiderten.

Es dauerte eine Weile, bis unsere Raketenwerfer in Stellung gebracht waren, dann orgelten sie ununterbrochen. Die Panzer gaben ohrenbetäubende Schüsse ab. Wenn wir einen Panzer der Iraker trafen, brüllten alle, als ob sie nicht bei Sinnen wären: »Wow, hast du das gesehen! Wow!« Überall war Feuer und Qualm, und die Erde bebte.

Mein Puls raste, das Herz schlug mir bis zum Hals. Weil vor und hinter uns Mörsergranaten einschlugen, fühlte ich mich in dem Jeep absolut ungeschützt. Wir gingen zunächst hinter einem Panzer in Deckung, dann wendete ich den Wagen, um uns aus der unmittelbaren Frontlinie zu bringen. Unterwegs trafen wir Colonel Higgins, der gerade Gräben für das Hauptquartier

Panzerschlacht in der Wüste des Südiraks am 26. Februar 1991 (Videoprints).

während des Gefechts anlegen ließ. »Jetzt geht's los, Kuhn«, sagte er. Er wirkte regelrecht begeistert.

Per Funk bekamen wir mit, dass unsere Scouts, die Späher, die feindlichen Artilleriestellungen geortet hatten und deren Koordinaten durchgaben. Nun konnten wir genauer zielen und Luftunterstützung anfordern. Trotz unserer zahlenmäßigen und technischen Überlegenheit dauerten die Kämpfe aber zwei volle Tage an.

Ich war die ganze Zeit wie im Rausch. Vollgepumpt mit Adrenalin, mein Puls konstant auf 180, habe ich keine Sekunde geschlafen.

Alle Sinne waren konzentriert, gespannt wie noch nie in meinem Leben. Zugleich hatte ich das Gefühl, über dem Boden zu schweben. Als ob ich total high wäre. Ich fühlte mich einfach unverwundbar. So etwas hatte ich noch nie erlebt. Und es war seltsam, meine Zweifel an mir und meine Angst – sie waren während der Schlacht wie weggeblasen.

Dabei sind wir, mein Kommandant und ich, natürlich meistens in Deckung gegangen. Wir hatten ja nur den Jeep und unsere M-16-Gewehre. Wenn wir gerade nicht in Deckung waren, rasten wir umher. Nach vorne, nach hinten, zum Hubschrauber, zum Hauptquartier. Wir standen nicht weit entfernt, als die Iraker einen so genannten Ma-Deuce trafen, das Maschinengewehr auf einem Panzer. Dessen Besatzung wurde verwundet, wenig später hörten wir das Knattern eines Hubschraubers, man flog sie aus.

Sergeant Major Eckert regelte das. Eckert musste überhaupt in diesem Chaos alles Mögliche regeln. War einer verletzt, musste er hin. Wollten die Scouts irgendwas, ebenfalls. Bericht erstatten, Berichte senden, Befehle annehmen, Befehle geben. Ich musste ihn fahren, er stieg aus, ich blieb an ihm dran. Nach links, nach rechts, und plötzlich hatte ich ihn verloren. Ich habe ihn erst am Morgen wiedergesehen.

Ich kann mich nur erinnern, dass ich mir wünschte, in einem Panzer zu sein. Ich war in diesem »Tunnel«, wie damals, als wir für den Panzerwettkampf geübt hatten. Ich konzentrierte mich voll auf das, was als Nächstes getan werden musste. In der Schlacht spielt Patriotismus keine Rolle mehr. Man hat keine Zeit, über irgendwas groß nachzudenken. Wir waren überrascht worden, wir reagierten nur. Es war, als ob ich einen Film mit mir selbst anschaute.

Doch dann war es auch wieder nicht wie im Film. Der graue Himmel, der Regen, die bunten Farben der Geschosse, das Rasseln der Panzer, der schwarze Qualm – das war eine Kulisse, die ich aus dem Kino kannte. Das war Vietnam. Oder die Normandie. Ich kannte ja alle Kriegsfilme. »Apocalypse Now«, »Die Brücke am Kwai«, »Platoon«, »Full Metal Jacket«, »Stoßtrupp Gold«, »Der längste Tag«, »Die durch die Hölle gehen« und natürlich »Rambo«. Vor dieser Kulisse spielte sich nun der reale Kampf ab. Es kam alles durcheinander, die Bilder, der Regen auf der Haut, die echte Schlacht. Die Kinobilder helfen dir in diesem Moment nicht. Du denkst dann nämlich, falls du getroffen wirst, geht es schon irgendwie weiter.

Auf diesen Krieg hier waren wir nicht vorbereitet. Nicht wirklich. Wir waren für einen Wald-und-Wiesen-Krieg ausgebildet, und plötzlich standen wir in einer Wüstenschlacht. Alles, was wir jahrelang geübt hatten, besaß null Bedeutung. Wir konnten uns nirgends verstecken, wir waren immer mittendrin. Niemand kann sich wirklich vorstellen, wie es ist, wenn echte Geschosse auf ihn zufliegen. Und man kann gedrillt sein, wie man will, niemand wird ausgebildet, um zu sterben.

Du bist nicht mal auf echte Verletzungen eingestellt. Es macht dich fertig, wenn du plötzlich einen Mann vor dir liegen siehst, und du kannst ihn nicht wieder auf lebendig schalten, wie im Manöver. Beim Training hast du dieses Lasergerät auf der Brust. Schießt dich einer ab, piepst es, und du bist tot. Dann kommt der Schiedsrichter und knipst dich wieder an. So ungefähr hatten wir uns das Totsein immer vorgestellt. Ich piepse, wo ist der Schiedsrichter, stell endlich das verdammte Ding aus, los, knips mich wieder an.

Die ganze Zeit gelang es mir kaum, Realität und Wahn auseinanderzuhalten. Deshalb habe ich irgendwann sogar meine Videokamera rausgeholt und angefangen zu filmen. Sie funktionierte trotz des Sandes fast bis zum Schluss meines Dienstes am Golf. Ich hatte schon den Vormarsch aufgenommen und filmte jetzt den Kampf, das Schlachtfeld. Ich drehte am Tag, und ich drehte sogar durch mein Nachtsichtgerät.

Es gibt ja kaum Bilder von diesem Krieg, vor allem vom

Einmarsch. Ein CNN-Team, das uns dabei filmen wollte, wurde wieder weggeschickt. Nur ich und ein anderer Sergeant haben Aufnahmen gemacht, einfach ohne zu fragen. Ich bewahrte die Kamera in einer Munitionskiste auf, und selbst Sergeant Major Eckert bekam lange nicht mit, dass ich filmte. Erst am Tag nach der Schlacht bemerkte er es. Er fragte: »Hast du gefilmt?« Oh Scheiße, dachte ich, jetzt gibt es Stress. Als ich bejahte, sagte er: »Okay, film alles, was du kriegen kannst, ich will eine Kopie davon.« Die Originalvideos wurden mir später gestohlen, aber immerhin habe ich Kopien behalten. Leider sind die Aufnahmen von der Schlacht nicht besonders gut geworden und oft verwackelt. Was will man auch erwarten.

Im Lauf des Tages wurde es immer regnerischer und nebliger, der Boden hart wie nasser Sand am Strand. Als nun der Abend kam, fuhr uns der Schreck in die Glieder. Die Flugzeuge! Wir hatten eine Höllenangst, in der Dunkelheit von unserer eigenen Luftwaffe beschossen zu werden. Friendly fire. Deshalb stellten alle Soldaten mit einem Mal gelbe Blinklichter auf ihre Autos und Panzer. Plötzlich blinkte es überall, es war ein großes Schauspiel. Wie in einem Breitwandfilm. Und doch Realität.

Ich erinnere mich, wie ich zweihundert Meter vor der Front im Humvee saß und Ausschau hielt nach Sergeant Major Eckert. Ein anderer Soldat setzte sich zu mir in den Jeep und wir betrachteten die Schlacht in der Dämmerung. Hin und wieder sagte der Soldat: »Wow, guck mal da drüben!« Oder: »Guck mal links!« Und: »Guck mal rechts!« Ich hielt dann drauf und filmte, wie es brennt, wie die Artillerie feuert, alles, was so passierte. Merkwürdigerweise hatten wir überhaupt keine Angst mehr.

Die Panzerschlacht ging weiter, auch als die Nacht hereinbrach. Es war total schwarz. Wir hatten Nachtsichtgeräte, aber die sind extrem empfindlich, sie sprechen auf jedes Restlicht an, und diese Lichter schießen dann immer blitzartig auf dich zu. Jedesmal kriegst du einen Schreck und gerätst in Panik. Man wurde regelrecht paranoid.

Als es schon tiefe Nacht war, hieß es plötzlich, ein Mann von der Artillerie sei getroffen worden. Instinktiv wusste ich, dass es Sergeant Dillon war, mein koreanisch-amerikanischer Freund. Ich rannte hoch, und tatsächlich, da lag er. Man hatte ihn auf

Nach dem Tod von Sergeant Dillon (Videoprint).

eine Trage gebettet, seine Schutzweste war zerrissen und sein Helm gesplittert. Ein Sanitäter stand bei ihm, schlug auf seine Brust, auf sein Herz. Dabei rief er dauernd: »Du darfst nicht sterben! Nein! Nein!« Schließlich brach der Sanitäter zusammen und weinte.

Auf mich wirkte die Szene wie in einem Film, irgendwie unecht. Das lag aber daran, dass wir diese Nachtsichtgeräte trugen. Ich sah ja alles nicht in Farbe, sondern in Schwarz und Grün durch den Schirm. Ich sah, wie schwarzes Blut aus dem grünen Mund von Sergeant Dillon floss. Wahrscheinlich war er schon tot, als der Sanitäter ihn bearbeitete. Es war das erste Mal, dass ich einen Freund sterben sah.

Ich sah das alles und sah es auch nicht. Der Tod von Sergeant Dillon hätte mich erschüttern müssen, aber das tat er nicht. Ganz im Gegenteil, ich dachte, mein Gott, was für ein Glück, dass ich lebe! So habe ich gedacht, als mein Freund starb. Minuten später habe ich mich schon dafür geschämt. Entsetzlich geschämt. Ich schäme mich noch heute.

Mitten in der Schlacht waren die Zweifel wieder da. Die Zweifel, warum und wozu das alles gut sein sollte. Wieder prallten mein Ideal und die Realität aufeinander. Ich versuchte, mein Versagen innerlich wiedergutzumachen. Ich betete, lieber Gott, mach Sergeant Dillon wieder lebendig und nimm mich dafür!

Dann stieg eine irre Wut auf die Iraker in mir hoch. Ich fühlte, wie der Zorn die Angst wegschob. Ich fühlte keine Müdigkeit, kein Mitleid, ich wollte es diesen verdammten Irakern heimzahlen. In dem Moment wusste ich noch nicht, dass mein Freund durch friendly fire gestorben war, von den eigenen Leuten abgeschossen!

Als ich mich umdrehte und nach meinem Humvee suchte, kam ich ein wenig vom Weg ab. Ich befand mich auf der äußersten linken Seite unseres Bataillons, das nächste Bataillon und der nächste Panzer waren rund tausend Meter entfernt. Plötzlich sah ich einen riesigen Lastwagen auf mich zu rasen. Ich zögerte einen Moment, versuchte ihn zu identifizieren, sah dann die arabische Schrift und schoss. Auch die anderen schossen, Granaten flogen. Es war schnell vorbei. Ich habe später immer versucht, nicht daran zu denken, dass Menschen in dem Fahrzeug saßen. Aber so ist der Krieg. Ich habe sogar noch meine Kamera genommen und den brennenden Laster gefilmt.

Am nächsten Morgen hatte unser Bataillon keine Munition mehr, nach achtzehn Stunden Kampf waren wir völlig erschöpft. Achtzehn Stunden unter Beschuss, hunderte von Raketen, die hin und her flogen, ein irrer Krach und der scharfe Geruch der Brände. Das war eine Nervenbelastung hoch zehn. Also fuhren wir zur Seite und ließen ein frisches Bataillon vor, das uns ablöste. Passage of lines hieß das, Auswechseln. Die Sonne kam gerade hoch, ich schaute mich um, wir hatten alle schwarze Gesichter vom Rauch, da rollten all diese Panzer mit den Soldaten drauf vorbei, die laut brüllten: »Wow, wir fahren in die Schlacht!« Wir aber betraten das Schlachtfeld, um aufzuräumen.

Ich hatte zwei Nächte nicht geschlafen, war aber überhaupt nicht müde, sondern extrem aufgewühlt. Ich bekam Blackouts und nahm die Realität nicht mehr richtig wahr. Ich war euphorisch und apathisch zugleich, bewegte mich wie in Trance. Als wäre ich ein Dritter, als wäre ich nicht ich selbst. Wenn ich heute Diesel rieche, denke ich an diese Schlacht. Der Krieg riecht nach Pulver, aber vor allem riecht er nach Diesel. Und wenn ich im Fernsehen unsere Panzer im Irak sehe, schlägt mir das Herz bis zum Hals. Sofort erscheinen die Bilder vor meinen Augen, die Bilder aus dem Wadi.

Es fällt mir nicht leicht, mich an diese Erlebnisse zu erinnern. Es ist das erste Mal, dass ich dies alles berichte. Nicht einmal meinen nächsten Menschen habe ich die Einzelheiten erzählt.

Damals habe ich manchmal gebetet. Ich war Mormone, wenn auch nicht sehr strenggläubig. Ich betete nicht zum Gott der Mormonen, sondern zu dem Gott, der einem guttut. Ich betete nicht: »Hilf mir bei dieser Prüfung«, sondern: »Hilf mir zu verstehen, wie ich helfen kann.« Diese Gebete haben mich gestärkt, ich bekam meistens klare Antworten: »Du machst schon das Richtige.« Für Sergeant Dillon habe ich sofort gebetet. Man hat nur wenige Freunde im Leben, und für meine Freunde tue ich alles. Er wäre einer geworden, glaube ich. Ich fragte mich, warum musste er sterben? Was ist der Sinn dahinter?

Schon während des Vormarsches hatte ich etwas gefunden, meine Gedanken loszuwerden, wenn sonst niemand da war: die Kamera. Ich sprach mit ihr über den Tagesablauf, über meine Ängste. Es hat mich erleichtert. Am Tag nach dem Tod von Sergeant Dillon stellte ich mich vor einem kaputten Panzer auf und ließ die Kamera laufen. Ich sah schlimm aus, übernächtigt, ungewaschen. Ich sagte: »Gestern Nacht hatten wir einen Toten, Sergeant Dillon. Er war ein großartiger Kerl. Ich kannte ihn gut. Alles war schlimmer, als ich vorher dachte, diese Explosionen, Raketen, Artillerie. Ich bin absolut fertig, ich will nur raus hier. Ich will, dass das alles vorbei ist.«

Als die Sonne am Morgen dieses 27. Februar aufging, war das Wadi fast menschenleer. Die Front hatte sich ein paar Kilometer verschoben, von dort drang der Gefechtslärm herüber. Um uns herum stiegen schwarze Rauchsäulen in den grauen Himmel. Als wir an diesem Morgen in das Tal rollten, brannten dort überall noch die Panzer, die Spähwagen und die Jeeps der Iraker. Es hatte keine Gnade gegeben. Wenn ein Panzer auf uns schoss, haben wir ihn unter Feuer genommen und erledigt. Ich empfand darüber keine Genugtuung. Denn was ich in diesem Flussbett sah, das war apokalyptisch. Ich sah an diesem Morgen all das, was ich lieber nicht sehen wollte.

Hier und dort gab es noch Überlebende, die sich ergaben oder verwundet waren; sie wurden abtransportiert. Doch überall lagen die Leichen der Iraker, auch einzelne Körperteile, Köpfe, Arme, Beine. Es war grausig. Plötzlich fiel ein Sonnenstrahl aus den Wolken und ließ den Ehering an der Hand eines Toten aufleuchten. In diesem Moment konnte ich keinen Hass mehr spüren. Es traf mich wie ein Schock. Der Feind bekam plötzlich ein Gesicht. Mein Gott, dachte ich, da liegt ein Mensch, der Frau und Kinder hat, ein normaler Mensch, der nur für sein Land kämpfte. Dieses Bild vergesse ich nie.

Vorher war der Krieg eher unpersönlich. Weil wir mit ihnen kämpfen mussten, hassten wir die Iraker, wir hörten, sie seien böse, wir wollten, dass sie alle verschwinden. Aber wir sahen sie nicht, wir wussten nichts über sie, sie waren auf irgendeine Weise virtuell. Selbst in der Schlacht blieben sie ferne Schemen in der Wüste. Und jetzt waren wir mit ihrem Tod konfrontiert. Ich erinnere mich an den widerlichen Geruch der verbrannten Körper. Ich kannte diesen Geruch, seit zwei Kameraden bei einem Übungsunfall in einem Panzer regelrecht verschmort waren, als sich darin Munition entzündet hatte. Aber trotzdem drehte sich mir der Magen um.

Ich lief wie ein Schlafwandler durch dieses Totenfeld. Ich konnte einfach nicht hinschauen. Ich versuchte, den Körpern aus dem Weg zu gehen. Plötzlich hatte ich das Gefühl, die sind nicht tot, die sind alle noch lebendig, die liegen hier nur, und gleich schaltet jemand sie wieder an. Vielleicht waren es die Augen. Die geöffneten Augen.

Es war seltsam. Als ob das alles gar nicht echt war. Du lebst, die nicht. Und weil sie da liegen und du auf sie herunterschaust, kommst du auf verrückte Ideen. Du hast plötzlich dieses schaurige Gefühl von Macht. Das Gefühl, als ob du über ihr Leben entschieden hast. Als ob du es warst, der den Schalter umgelegt hat, und mit einem Mal ist alles, was dieser Mensch war, ausgelöscht. Einfach weg. Und das macht dich schaudern. Das wolltest du nicht. Das kann niemand wollen.

Die meisten Soldaten standen dort linkisch herum. Ich hatte den Eindruck, alle waren schockiert. Sie machten blöde Witze oder fotografierten die Toten. Jeder versuchte, das irgendwie wegzustecken. Hart zu sein. Ich ließ meine Videokamera lau-

Steven Kuhn vor seinem Humvee mit einem erbeuteten Draganov-Scharfschützengewehr nach der Panzerschlacht im Irak.

fen. Ich habe alles auf dem Band. Wie wir essen und rumhängen und Gewehre putzen. Wie wir in verbrannten Panzern rumklettern. Wie halb verhungerte irakische Soldaten mit erhobenen Armen auf uns zulaufen und sich ergeben. Aber ich habe keine Leichen auf meinem Band. Das war für mich ein Tabu. Es gab Leute, die dauernd Tote fotografierten oder Leichenteile. Die waren ganz wild darauf. Wie versessen. Ich habe immer zu ihnen gesagt: »Leute, habt doch Respekt vor den Toten!«

Wir fingen dann an, die Bunker nach Waffen und Munition zu durchsuchen. Alle wollten etwas mitnehmen, Tagebücher, Uniformteile, ich steckte nur einen Helm ein.

An diesem Morgen dachte ich, dass dies der Anfang von vielen weiteren Kämpfen ist. Aber darin irrte ich. Zunächst wurde in der Ebene vor uns zwar noch einen Tag gekämpft und die Iraker Richtung Bagdad getrieben, aber schon am nächsten Tag, dem 28. Februar 1991, wurde ein Waffenstillstand geschlossen.

Ganze hundert Stunden hatte der Bodenkrieg gedauert. Was dieser Waffenstillstand bedeuten sollte, wussten wir nicht. Er kam für uns absolut überraschend. Wir bekamen keine Informationen, uns war nicht klar, was eigentlich vor sich ging. Wir atmeten nur durch und fragten uns dann: Geht es jetzt weiter nach Bagdad? Und da wir nur knapp zwanzig Kilometer vor Basra standen – werden wir dort noch einrücken?

In den Kämpfen dieser zwei Tage verlor unsere Division etwa zehn Mann, und wir hatten zwei Dutzend Verwundete. Diese Schlacht war die schwerste des ganzen Golfkriegs. Erst später stellte sich heraus, wie groß unsere Überlegenheit gewesen war. Unsere M-1-Panzer konnten 4000 Meter weit schießen, so breit, wie das Tal war. Die Geschütze der russischen T-72-Panzer aber schafften nur 2500 Meter, die Iraker hatten im Grunde keine Chance. Nur mit ihrer Artillerie und den Granatwerfern konnten sie uns treffen.

Hunderte von Irakern haben die Schlacht im Wadi nicht überlebt. Sie gehörten zur Tawakana- und zur Medina-Division der Republikanischen Garde. Es waren Elitesoldaten. Ich glaube, nach dieser Schlacht hatten wir alle das Gefühl, wir seien die Größten. Wie leicht hatten wir die siebtgrößte Armee der Welt in die Flucht geschlagen! Dieses Gefühl verwischte ein bisschen die Schrecken des Todes.

Wir bauten mitten auf dem Schlachtfeld unsere Zelte auf. Sieben Tage blieben wir in dem Wadi und versuchten aufzuräumen. Wir sollten alles zerstören, was herumlag. Deshalb gingen wir überall rein, in alle Bunker, in die zerschossenen Panzer. Hunderte von Geschossen steckten wie Nadeln im Wüstensand. Sie waren nicht detoniert. In den Unterständen fanden wir tausende von Kalaschnikows und Granaten. Alles konnten wir gar nicht demolieren, es war viel zu viel. Alle 50 Meter gab es so einen befestigten Gefechtsstand!

Viele Soldaten fassten die Bunkerwände, die Panzer, den Schrott und die Geschosse an. Alle atmeten die Luft, durch die der Staub explodierter Munition wehte. Wir wussten zwar, dass wir uranhaltige Munition verwendeten. Aber niemand hatte uns davor gewarnt. Den Begriff abgereichertes Uran kannten wir nicht. Wir ahnten nichts von der Gefahr, die auf dem Schlachtfeld lauerte, als die Schlacht längst geschlagen war.

Ein Gefreiter namens Fisher, mit dem zusammen ich einen Tag lang Bunker durchsuchte, bekam kurz darauf am Oberarm Blasen. Es stellte sich heraus, dass er mit Senfgas in Kontakt ge-

Fundstücke aus aufgegebenen Unterständen der irakischen Armee.

kommen war. Seit dem Ersten Weltkrieg war dieses Gift nicht mehr eingesetzt worden. Fisher wurde sofort behandelt und ist später in großen Talkshows in den USA aufgetreten wie zum Beispiel bei Larry King. Zu Beginn des neuen Krieges war nicht klar, ob Saddam Hussein noch Massenvernichtungswaffen besaß, damals jedenfalls hatte er sie.

In der Nähe unseres Camps, rund 3000 Meter entfernt in Khamisiyah, hatten wir ein großes irakisches Waffenlager entdeckt. Unsere Techniker bekamen den Befehl, das alles zu verschrotten. Was machten sie also? Sie packten Plastiksprengstoff auf das Depot und jagten es hoch. Es gab eine heftige Explosion und anschließend eine riesige Rauchwolke, die über uns hinwegzog. Ich habe das sogar noch fotografiert.

Niemand hatte uns gesagt, dass wir die Gasmasken anlegen sollten. Sonst mussten wir sie bei dem geringsten Verdacht auf Giftstoffe tragen. Doch diesmal saßen wir in oder vor unseren

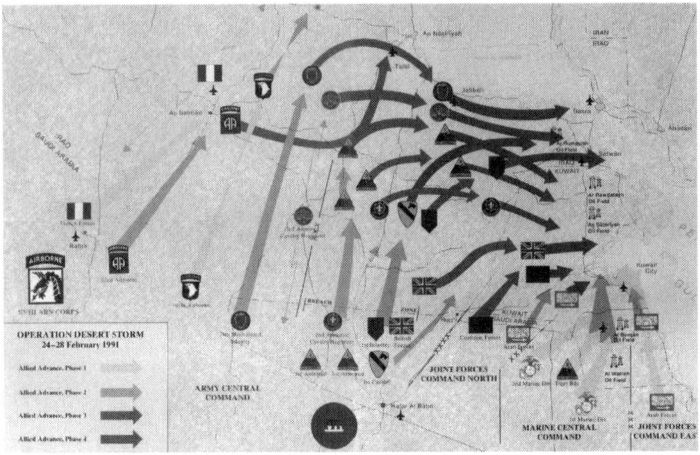

Armeekarte mit der taktischen Vorgehensweise der alliierten Verbände unter US-Führung zur Einkreisung von Kuwait und zum Vorstoß nach Basra.

Zelten ohne jeden Schutz, obwohl die CIA, wie sich später herausstellte, genau über die Gefahr informiert war. Zunächst war alles okay, aber zwei Tage später kam der Durchfall. Ohne Vorwarnung. Die Soldaten fielen einfach um. Sie standen auf, wollten laufen und fielen um. Und alle kotzten. Das ganze Camp mit rund 50 Leuten war paralysiert.

Nach zwei oder drei Tagen hatten wir es überstanden. Der Durchfall und die Übelkeit verschwanden. Unsere Offiziere erklärten uns die Symptome mit verdorbenem Essen. Wir glaubten ihnen das damals. Wir haben überhaupt nicht an Chemiewaffen gedacht und unsere Krankheit nicht mit der Sprengung in Verbindung gebracht. Viele Jahre später bekam ich einen Brief von der US-Regierung, worin mir bescheinigt wurde, dass ich damals giftigen Stoffen ausgesetzt war. Das war alles.

Ansonsten haben wir viel geschlafen, unsere Wunden geleckt und miteinander geredet. Immer wieder rekapitulierten wir die Schlacht. Ein paarmal traf ich Jeff Hanson, als ich sein Camp besuchte. Selbst mit ihm sprach ich nicht über den Tod von Sergeant Dillon. Ich konnte nicht, ich war wie blockiert. Jeff sagte damals zu mir: »Steve, denk an die Zukunft, denk an die Zeit nach dem Krieg, wenn das alles hier vorbei ist. Wenn wir wieder in Deutschland sind, machen wir richtig einen drauf. Das einzig Wichtige im Krieg ist, dass man überlebt, und nicht, was man gemacht oder nicht gemacht hat.«

Kontrollpunkt bei Basra, Irak

Eine Woche nach der Schlacht traten wir immer noch auf der Stelle. Wir wunderten uns darüber, dass es nicht voranging. Schließlich standen wir nicht einmal zwanzig Kilometer von der südirakischen Stadt Basra entfernt, wo zwei Millionen Menschen lebten. Jeder fragte sich: »Wann geht es denn nun endlich weiter?«

Man hatte uns, vorübergehend, wie wir dachten, die Aufgabe zugewiesen, Checkpoints an der Autobahn 8 einzurichten, die von Basra nach Kuwait führte. Dort sollten wir Autos kontrollieren, Zivilisten entwaffnen und feindliche Soldaten festnehmen. Unter anderem bauten wir unsere Sandsäcke an der Kreuzung auf, an der sich die Straßen nach Bagdad, Basra und Kuwait gabelten. Checkpoint Charlie hieß der Posten.

Weil ich der Fahrer des Sergeant Major war, musste ich nicht Wache stehen, sondern kam viel herum. Wir fuhren täglich die verschiedenen Checkpoints an. Eckert sah dort nach dem Rechten, und ich machte mich nützlich. Habe Soldaten abgelöst und geholfen, Autos und Gefangene zu durchsuchen. Jeden Tag legten wir ein paar hundert Kilometer zurück. Ich bekam einen ziemlichen Überblick über die Sicherheitszone, die die Alliierten zwischen Kuwait und dem Irak einrichteten.

In dieser Zeit erhoben sich die Schiiten in und um Basra gegen das Regime von Saddam Hussein. Wir sahen Rauch aufsteigen, wir hörten das Rattern der Maschinengewehre und die Einschläge der Granaten. Anfangs wussten wir nicht, was da los war, aber dann sickerte es sehr schnell durch. Wir ahnten nicht, dass unsere Regierung diesen Aufruhr unterstützte, doch wir brannten alle darauf, den Aufständischen zu helfen.

Wir waren fest davon überzeugt, dass wir bald wieder kämpfen würden. Wir dachten, gut, jetzt haben wir eine Schlacht geschlagen, aber die eigentliche Armee der Iraker, diese Riesenarmee, von der immer die Rede war und vor der wir solche Angst

Begegnung mit einer Schiitin am Checkpoint Charlie vor Basra (Videoprint).

hatten, die steht irgendwo anders. Wir trainierten ja auch weiterhin für Kampfeinsätze.

Doch dann kam es zu jenen Ereignissen, die uns fassungslos machten. Vor unseren Augen sammelte sich Saddams Republikanische Garde, die sich hinter die Demarkationslinie gerettet hatte, und begann, den schiitischen Aufstand zu ersticken. Tag und Nacht wurden Raketen abgeschossen, Bomben abgeworfen und die Bevölkerung niedergemetzelt. Das Schießen hörte gar nicht mehr auf. Die Verwundeten schleppten sich zu unseren Stützpunkten und baten um Hilfe. Es kamen Kinder und alte Frauen. Natürlich wollten wir den Schiiten auch militärisch helfen – aber es kam kein Befehl dazu.

Ich leide immer noch unter den Eindrücken, die sich mir damals ins Gehirn brannten. Es kamen leere Busse aus Basra, die unseren Checkpoint passierten und nach einer Weile, voll besetzt mit irakischen Frauen und Kindern zurückkehrten, die wahrscheinlich Schiiten waren. Unser Übersetzer, ein amerikanischer Kuwaiter, erkundigte sich nach dem Woher und Wohin. Die Frauen antworteten, man habe sie aus naheliegenden Dörfern abgeholt, um sie zu ihren Männern in Basra zu bringen. Der Übersetzer warnte sie: »Bleibt lieber hier, in Basra werdet ihr von Saddams Soldaten umgebracht!« Sie aber sagten: »Was für ein Unsinn, du bist ein Kuwaiter, ihr hasst uns sowieso.« Und kurz darauf bekamen wir die Information, dass man sie alle getötet hatte.

Kaum auszuhalten war vor allem das Leid der Kinder. Während der Kämpfe in Basra kam eine Mutter mit ihrer kleinen Tochter zu unserem Checkpoint. Sie waren beide angezogen, als ob sie zu einem Fest wollten, in ihre besten Sachen gekleidet, das Kind ganz in Rosa, und hielten sich fest an den Händen. Wir sahen aber, dass die Kleine Probleme hatte, richtig zu laufen. Ihr Gesicht war schmerzverzerrt. Als wir das Mädchen näher betrachteten, stellten wir fest, dass sie von Kopf bis Fuß Verbrennungen hatte, es war absolut furchtbar.

Ich wusste nicht, was ich tun sollte, also gab ich ihr einen Bonbon. Nie werde ich vergessen, wie ihre Augen plötzlich leuchteten, als hätte ich gerade ihr Leben gerettet. Ich glaube, ich habe nie ein schöneres Lächeln gesehen. Es tat mir so weh, dass wir in irgendeiner Form für ihre Schmerzen verantwortlich waren. Wir brachten sie dann in die Sanitätsstation, man hat sie bandagiert, mehr konnten wir nicht tun. Es kamen noch mehr Verbrannte, Verletzte, Verstümmelte. Ganze Familien flüchteten damals aus Basra, warfen sich vor uns in den Sand, bettelten auf den Knien um Hilfe – und wir durften nichts tun! Wir konnten ihnen nur hin und wieder etwas zu essen geben. Die humanitäre Lage war katastrophal.

Ich habe versucht, wenigstens den Kindern eine Freude zu machen. Ich ließ mir von meiner Tante Boots aus Harrisburg so viele Bonbontüten wie möglich schicken. Morgens füllte ich alle meine Taschen damit. Damit die Kinder Vertrauen bekamen, habe ich immer erst selbst einen Bonbon gegessen und dann die Süßigkeiten an sie verteilt. Nie werde ich all die strahlenden Augen vergessen. Die Kinder waren so nett, und es ging ihnen so schlecht, dass ich immer wieder dachte, es wäre richtig, nach Bagdad zu marschieren und mit diesem verfluchten Saddam endlich Schluss zu machen. Für uns war klar, Saddam Hussein musste weg. Wir hätten das gern durchgezogen.

Aber wir warteten und warteten, wurden immer nervöser –

und durften nicht eingreifen. Uns sagte man damals: »Kuwait ist befreit, das Kriegsziel ist erreicht.« Es war kaum auszuhalten. Das sollte alles gewesen sein? »Lasst uns mal weitermachen und wenigstens das erledigen, was noch in Sichtweite ist!«, sagten wir. Wir fühlten uns um den Abschluss unseres Feldzugs betrogen. Mit ohnmächtiger Wut blickten wir auf den Rauch über Basra. Damals dachte ich zum ersten Mal, was, wenn wir die wenigen Kilometer noch geschafft hätten? Wie viele Menschenleben wären noch zu retten gewesen? Wäre Saddam dann vielleicht gestürzt worden?

Diese Gedanken quälen mich bis heute. Das Gefühl der inneren Leere vergeht nie. Ich suche danach, warum das so ist. Und ich komme immer wieder zu der gleichen Antwort: weil etwas fehlt. Wenn ich George W. Bush jetzt von unserem Vorstoß nach Bagdad reden höre, dann wünsche ich mir dabeizusein. Und sofort gerate ich wieder in dieses schreckliche Dilemma. Als denkender Mensch finde ich das alles furchtbar, weil der Häuserkampf entsetzlich ist und weil ich diesen Krieg eigentlich ablehne. Aber seelisch wäre es wohl eine Erlösung. Ich muss oft daran denken, was Jeff Hanson damals schon zu mir sagte: »Ich garantiere dir, Steve, in zehn Jahren sind wir wieder hier.«

Nach dem Golfkrieg kam heraus, dass wir die Schiiten damals verraten hatten. Der damalige Präsident George Bush hatte sie erst zum Aufstand ermuntert und dann wieder fallen gelassen. Mich wundert es überhaupt nicht, dass die Schiiten von Basra unsere Truppen jetzt nicht mit Blumen überschüttet haben.

Ich hatte damals wirklich die Nase voll. Es kam so weit, dass ich plötzlich ganz anders dachte als vorher. Erstmals stellte ich mein Leben in der Army prinzipiell in Frage. Die Army hatte mir einen Sinn im Leben gegeben. Aber worin bestand der Sinn, wenn wir die Menschen im entscheidenden Moment im Stich ließen? Ich war so wütend und frustriert und traurig, dass ich mich am 8. März vor meine Kamera stellte und sagte: »Das war's. Wenn meine Zeit bei der Army vorbei ist, geh' ich raus. Anschließend will ich in Deutschland bleiben. Was hier geschieht, das brauche ich nicht, niemand braucht das, es ist nicht in Ordnung. Ich will in Deutschland bleiben und gemeinsam mit Jeff irgendetwas anderes machen. Jeff will auch weg und in

Deutschland bleiben. Wir könnten zusammen etwas Neues beginnen. Ich bin mir nicht wirklich sicher, was ich jetzt fühle, vielleicht bin ich einfach nur frustriert und einsam.«

Ich fühlte mich ausgenutzt. Vor Basra wuchsen meine Zweifel. Vor allem an mir selbst. Aber erstmals in meinem Leben habe ich auch gedacht, unsere militärischen Entscheidungen sind falsch. Wenn wir zusammenstanden, schimpften wir auf die Politiker. Was wissen die überhaupt von uns? Waren die schon mal im Kampf, haben die mal einen Freund sterben sehen? Wir sagten: »Die haben doch keine Ahnung, was hier vorgeht. Die haben uns nur hin- und hergeschoben, und in Wahrheit verachten sie uns.« So haben wir geredet.

In mir war ein Tohuwabohu. Ich war nicht naiv genug anzunehmen, dass die Politik in diesem Konflikt keine Rolle spielte. Natürlich glaubte ich nicht, dass irgendwer Steven Kuhn fragt, wie er sich fühlt oder wie er über all das denkt. Ich wusste, Soldaten sind nur Figuren auf dem Schachbrett. Soldaten sollen nicht denken, sondern gehorchen. Nur leider denken sie eben doch.

Zu allem Überfluss mussten wir auch noch den Spott der Republikanischen Garde ertragen. Sie unterhielt ein Lager nicht weit von uns entfernt. Aus Spaß zielten Saddams Soldaten mit ihren Kalaschnikows auf uns und freuten sich dann über unsere Wut. Aber wir durften nicht reagieren, denn es herrschte ja Waffenstillstand.

Damals waren wir alle ziemlich sauer. Wir waren so frustriert, dass unser Chef eines Tages genug davon hatte. Mit zwei Panzern und zwei Humvees fuhr der Bataillonskommandant ins Lager der Iraker und nahm einfach fünfzehn Leute gefangen, sozusagen symbolisch. Es hat nichts genutzt, am nächsten Tag musste er sie wieder freilassen. Diese Aktion verletzte natürlich alle möglichen Abkommen und wurde schnell unter den Tisch gekehrt.

Im Fernsehen habe ich jetzt Bilder verletzter irakischer Kinder gesehen, die bluteten, schrien und weinten. Sofort tauchten die Bilder von Basra wieder auf, mit den Verwundeten und den Toten. Wieder gibt es kleine Mädchen, die verbrannt sind und vielleicht noch schlimmer verletzt sind als das Mädchen vor Basra. Ich musste weinen, als ich das im Fernsehen sah. Wieder wird es Soldaten geben, die noch zwölf Jahre später unter diesen Bildern leiden. Ich habe auch geweint, als ich die gefangenen Amerikaner sah, die im irakischen Fernsehen vorgeführt wurden. Ich wollte ihnen helfen. Aber ich saß hilflos in Berlin, ohne etwas tun zu können.

Wir mussten noch mehr als zwei Monate am Golf bleiben. Es sollten die zwei längsten Monate meines Lebens werden. Ich habe diese Zeit als bedrückend in Erinnerung, so wie den Himmel über dem Irak. Die dunklen Schwaden der brennenden Ölquellen verpesteten damals die Luft und machten den Tag zur Nacht; wir mussten meist mit Licht fahren, das belastete auch die Stimmung. Ich war kurz davor, alles hinzuwerfen und laut zu schreien: Ich will hier raus!

Am 11. März 1991 schrieb ich einen Brief an Rob Goldberg, meinen Freund in Gelnhausen: »Hier geht das Gerücht um, dass wir noch eine Weile bleiben müssen. Das zerstört meine Hoffnung, bald nach Hause zu kommen. Ich ertappe mich dauernd dabei, wie ich an zu Hause denke. Ich vermisse meine guten Freunde in Deutschland. (...) Wir haben einen der schwersten Kämpfe hinter uns, die in diesem Krieg überhaupt stattgefunden haben, das wäre doch ein Grund, uns nach Hause zu schicken, aber nein! (...) Es ist scheiße hier, ich will nach Hause! Dieses Land und der ganze Mist, den ich hier jeden Tag durchmachen muss, machen mich verrückt! Ich bin nicht sicher, wie viel ich noch ertragen kann.«

Ich musste mich schwer zusammenreißen, aber ich war immerhin Sergeant, ich hatte Soldaten unter mir. Ich dachte, wenn ich aufgebe, woran sollen die sich dann noch festhalten? Also habe ich durchgehalten. Damit meine Leute stark blieben.

Nach ein paar Wochen hatten Sergeant Major Eckert und ich wieder im Hauptquartier der Division zu tun, das sich in Saudi-Arabien befand; der Weg dorthin führte über Kuwait. Dort sahen wir die mit Öl gefüllten Gräben, die Saddam als Verteidigungslinie angelegt hatte und eigentlich auch anzünden wollte, vier Meter breit und vier Meter tief, auf beiden Seiten Landminen, Natodraht und Panzersperren. Aber es hatte ihm nichts genutzt, wir hatten die Anlage einfach umgangen, so wie es die Deutschen im Zweiten Weltkrieg mit der Maginotlinie in Frankreich gemacht hatten.

Auf unserem Weg nach Kuwait passierten wir immer den so genannten Highway des Todes oder Death Highway, an dessen Rand hunderte von ausgebrannten Panzern, Lastwagen, Schulbussen, Bulldozern, PKW und Fahrrädern standen. Das war eine unheimliche Fahrt. Es roch nach Krieg, nach erkaltetem Feuer und verwesendem Menschenfleisch. Es stank entsetzlich. Ich sah verkohlte Leichen und einzelne Gliedmaßen. Monate später lagen die Leichen noch dort!

Ich erinnere mich an einen Tag Anfang Mai, wir begleiteten einen Transport und hatten kurz vor dem Highway gestoppt. Wohin man blickte, loderten und qualmten die brennenden Ölquellen. Ich trat aus dem Humvee auf den Straßenrand und hatte das Gefühl auf einen Stein zu treten. Aber als ich hinschaute, war es ein Fuß!

An diesem furchtbaren Ort müssen tausende Iraker gestorben sein. Sie wurden auf der Flucht aus Kuwait von unseren Leuten getötet. Das war kein Kampf gewesen, wie wir ihn im Wadi erlebt hatten, auch wenn es sich um irakische Soldaten gehandelt haben soll. Manche sprechen von einem Massaker mit Spezialbomben, ich habe damals aber niemanden getroffen, der wirklich wusste, was passiert war. Man stellte sich solche Fragen auch gar nicht.

Über eine andere Begebenheit habe ich aber Genaueres gehört. Es wird immer wieder gesagt, wir hätten irakische Unterstände einfach mit Bulldozern plattgewalzt, ohne Rücksicht darauf, dass sich in ihnen noch Leute aufhielten. Tatsächlich haben wir erst einen Monat nach Ende der Kämpfe mit diesen Arbeiten angefangen. Dabei wurden tatsächlich hier und dort Menschen getötet, aber das waren Unfälle. Niemand konnte ahnen, dass zu diesem Zeitpunkt noch Iraker in den Erdlöchern saßen!

Wir haben unsere irakischen Gefangenen normalerweise recht menschlich behandelt. Wer sich ergab, den versorgten wir mit Essen, denn meistens waren die Leute sehr hungrig. Ich erinnere mich vor allem an ihre Augen. An die Angst in ihren Augen. Ein Soldat, den wir festnahmen, fragte mich in perfektem Englisch: »Wann bringt ihr uns endlich um?« Ich fragte zurück: »Wie kommst du denn auf die Idee?« Er sagte: »Unser Kommandant hat uns gewarnt, wenn wir uns ergeben, werden wir gefoltert und getötet.« Da sagte ich: »Du solltest nicht alles glauben, was man dir erzählt, hier hast du erst mal was zu beißen.« Er hatte solch seltsame Ideen, obwohl er, wie er mir sagte, in Amerika studiert hatte!

Mit den Kriegsgefangenen hatten wir ansonsten nichts zu tun, wir reichten sie nach hinten weiter, wo die Militärpolizei Sammellager für sie eingerichtet hatte. Anfangs durften wir am Checkpoint nur richtige Soldaten gefangennehmen. Daher warfen die Iraker ihre Ausweise weg – und alle waren auf einmal Zivilisten. Nach und nach sprach sich aber herum, dass sie bei uns Essen bekamen und Unterkunft, da wollten plötzlich alle festgenommen werden. Diese Leute befanden sich ja zwischen Basra und uns, also mitten in der Einöde.

Sie kamen immer an und sagten: »Wir sind Soldaten.« Wir antworteten: »Tut uns Leid, ohne Ausweis ist nichts zu machen.« Manche waren so verzweifelt, dass sie sich an unsere Beine klammerten und wir zwei Leute brauchten, um sie loszureißen und ein paar Meter weiter in der Wüste wieder abzusetzen. Immer mehr Leute sammelten sich um unseren Checkpoint. Ich habe ihnen heimlich Essen gebracht, obwohl das verboten war.

Es stellte sich heraus, dass viele unserer Soldaten das Gleiche taten. Ganz in der Nähe stand ein zerbombtes Transformatorhäuschen, dort hatte sich eine ganze Familie einquartiert. Die Leute hatten buchstäblich nur, was sie am Körper trugen. Sie taten mir Leid, und ich steckte ihnen immer wieder Essensrationen zu. Wie groß war unsere Überraschung, als wir einmal in ihre Bude guckten – die ganze Wand hoch hatten sie die braunen Rationen gestapelt! Aber wer wollte es ihnen übel nehmen? Sie waren bettelarm und hatten für noch schlechtere Zeiten vorgesorgt.

Selbst den Gefangenen habe ich Zigaretten gegeben. Es ist eben etwas anderes, ob du es mit einem anonymen Feind zu tun hast oder mit Menschen, denen du direkt in die Augen schaust. Was ich nicht leiden konnte, war über ihnen zu stehen, während sie im Sand hockten und zu mir aufschauten, als wäre ich Gott. Als könnte ich über Tod und Leben entscheiden. Dieses Gefühl habe ich gehasst.

Ich versuchte, ein harter Soldat zu bleiben, ihnen aber zugleich zu zeigen, dass ihnen nichts geschehen würde. Wir haben uns mit Händen und Füßen verständigt, und ich hatte ein paar Wörter Arabisch gelernt. Es gab immer eine klare Grenze zwischen uns und den Gefangenen: die Uniform mit Helm, Schutzweste und Waffe. Sie war wie eine kleine Mauer, die Distanz schafft. Man lächelt nicht und versucht trotzdem, menschlich zu sein. Das ist ziemlich schwer.

Um die Gefangenen bis zum Transport zu sammeln, gruben wir am Checkpoint ein großes Loch. Abends kam ein LKW und holte die Leute ab. Sie mussten sich auf die Ladefläche stellen. Um mehr Männer transportieren zu können, fuhr der Fahrer an und bremste plötzlich scharf, so dass die Gefangenen gegeneinander gepresst wurden. Dann passten weitere zwanzig auf den Laster. Ich fand das erniedrigend. Einmal war die Klappe nicht richtig geschlossen, der Wagen fuhr an, und einige fielen herunter. Ich sah das, es gefiel mir nicht, und wieder fragte ich mich, ob ich nicht zu empfindsam geworden sei. Ich dachte, das sind unsere Gegner, die haben auf uns geschossen, und jetzt soll ich Mitleid mit ihnen haben? Dass wir ebenso auf sie geschossen hatten, hatte ich wohl verdrängt. Aber ich hatte Mitleid.

Ich hatte auch Mitleid mit einem anderen Gefangenen, der es wahrscheinlich gar nicht verdiente. Ein kuwaitischer Amerikaner hatte an einem Checkpoint jemanden aufgespürt, der zu Saddams Spezialtruppen gehörte. Ich bekam noch mit, wie sie ihn festnahmen, dann mussten der Sergeant Major und ich weiter. Später hörte ich Folgendes: Der Kuwait-Amerikaner habe dem Mann befohlen, sich auszuziehen und auf den Boden zu legen. Dann soll er ihn geschlagen und getreten haben und ihn ein paar Stunden in der Sonne liegen lassen haben, bis er ganz verbrannt war.

Wie meine Kameraden erzählten, habe niemand dem Mann geholfen. Erst als er fast am Ende war, hätten welche eingegriffen. Das war totale Scheiße, aber alle dachten wahrscheinlich, was geht es mich an, das ist eine Sache zwischen Arabern. Auch ich erzählte nichts davon meinem Chef. Ich durfte nicht zeigen, dass mir der Mann Leid tat. Dann hätte ich als Kameradenschwein gegolten. Das ist eben der Corpsgeist beim Militär, dagegen kannst du nichts ausrichten.

Aber ich glaube, Sergeant Major Eckert hätte das nicht toleriert. Andererseits hat er sich gegen das Leid der Iraker abgeschottet. Vielleicht wegen seiner Vietnam-Erfahrung, er war wirklich knallhart und zynisch. Unmittelbar nach dem Waffenstillstand fuhren wir durch die Wüste, als wir eine Gruppe irakischer Männer sahen, die verzweifelt mit leeren Wasserflaschen wedelten. Eckert geriet fast außer sich und sagte zu mir: »Erst schießen sie auf uns, jetzt wollen sie Wasser – wie in Vietnam.« Er war unglaublich wütend, so hatte ich ihn in all den Jahren noch nie erlebt.

Mein Kommandant rannte damals immer mit einer Kalaschnikow AK-47 herum, wie auch viele andere US-Soldaten. Einerseits fanden das alle cool, so kurz nach dem Kalten Krieg. Es war wie eine Trophäe. Andererseits war dieses Gewehr einfach besser als unsere Waffen. Die Kalaschnikow feuerte immer, ob nass, verdreckt oder im dicksten Sandsturm. Auf unserer M-16 dagegen musste nur ein Sandkorn kleben, dann war sie schon nicht mehr zu gebrauchen.

Es war leicht, an die Kalaschnikows zu kommen, denn jeden Tag beschlagnahmten wir an den Checkpoints hunderte davon. Da ihre Besitzer aber Zivilisten waren oder man sie nicht eindeutig als Soldaten identifizieren konnte, durften wir sie nicht festnehmen. Manche transportierten Massen von Waffen und versuchten, uns mit riesigen Batzen von Geld zu schmieren, natürlich erfolglos.

Als ich später mit meinem Kommandanten öfter nach Saudi-Arabien fuhr, bekam ich erst mit, welche Gewinne der Waffenschmuggel abwarf. Die Beduinen standen an der Straße und boten uns bis zu tausend Dollar für eine Kalaschnikow, da haben sicher einige Soldaten mitgemischt. Mir wäre das viel zu gefährlich gewesen, dort gab es ja überall Checkpoints von uns, von den Engländern oder den Ägyptern.

In jenen Tagen sahen wir die Sonne nur selten, denn überall brannten die Ölquellen, und ihr Rauch verdunkelte den Himmel. Alles stank nach Öl. Es gab auch Quellen, die nicht brannten, sondern hundert Meter hoch sprudelten und riesige schwarze Seen in der Wüste bildeten. Als wir unser Camp aus dem Schlachtfeld verlegten, mussten wir es zunächst nur ein paar hundert Meter von einer solchen Quelle entfernt aufschlagen. Das war apokalyptisch. Morgens war alles, absolut alles, voller Öl. Der Schlafsack, die Lippen, die Haare, die Nase – Öl, überall Öl.

Abends zog der Rauch der brennenden Quellen immer auf den Boden, und trotz Nachtsichtgerät sahen wir dann nichts mehr. Das war fatal, weil wir auch die wilden Hunde nicht mehr erkannten, die zu hunderten in der Wüste lebten und ziemlich gefährlich waren. Tagsüber haben wir sie abgeschossen. Nachts mussten wir aufpassen, dass sie uns nicht bissen.

Nachts wachte man auch oft auf, weil man Öl auf der Zunge und in der Lunge hatte. Wir machten zynische Witze: »Wenigstens gibt es keinen Staub mehr.« Aber es war kaum zu ertragen. Erst nach einer Woche ließ uns der Kommandant einen anderen Lagerplatz aufsuchen. Ökologisch war das sowieso die totale Katastrophe. Da fiel es gar nicht weiter ins Gewicht, dass wir beim Ölwechsel immer alles in den Sand abließen. Im Camp und an allen Checkpoints haben wir sogar den Boden mit Diesel begossen, um Sand und Staub zu binden. Es hielt zwei Tage vor, dann musste man alles wieder neu eindieseln. Es stank natürlich entsprechend. Aber der Ölgeruch war ohnehin überall.

Viel schlimmer war dieses Gefühl, das sich langsam in der ganzen Truppe festsetzte. Das Gefühl, nicht genügt zu haben. Ich glaube, seit der Nachricht, dass der Krieg vorbei war, wollten alle nur noch weg, genau wie ich. Einige drehten regelrecht durch. Ich fuhr nach einiger Zeit einen anderen Kommandanten, der ließ mich mit dem Jeep wilde Hunde jagen. Wie ein Verrückter. Er sagte: »Die Hunde haben ein Schaf gerissen, jetzt machen wir sie fertig!« Ein Unteroffizier wollte einen wilden Esel vom Checkpoint vertreiben, und als der bockte, zog er seinen Revolver und jagte dem Esel sieben Kugeln in den Kopf. Damit war das Problem nicht gelöst, jetzt blockierte der tote Esel die Straße.

Der Lagerkoller hat aber nicht nur damit zu tun, was man erlebt, sondern auch mit dem, was man nicht erlebt. Was man vermisst – die Familie, die Freunde, die vertraute Umgebung. Außerdem sind manche Soldaten einfach nicht für den Stress geschaffen. Zum Beispiel soll der Typ, der zu Beginn des Irak-Krieges in Kuwait eine Handgranate ins Zelt seiner Kameraden schleuderte, schon vorher wegen schwacher Nerven aufgefallen sein und man hatte ihn daher nicht an die Front geschickt. Damit stand er praktisch als Versager da – und ist ausgerastet. Wenn einer so ausflippt, dann muss er sehr verzweifelt sein. Ich kenne das genau.

Nach der Invasion lief ich auch hart an der Kante und hatte nur Glück, dass ich dauernd mit dem Humvee unterwegs war. Doch einmal hätte ich auch fast die Kontrolle verloren. Es war ein harter Tag gewesen, und ich nutzte eine kurze Pause, um etwas zu essen. Ausgerechnet da kam der Chef des Camps an und befahl mir, meinen Humvee mit einem Tarnnetz zu bedecken, was ewig dauert. Ich hatte in den vergangenen Nächten kaum einmal länger als zwei Stunden geschlafen und war so müde und fertig, dass ich rebellierte. Ich sagte: »Sir, ich verstehe Ihren Befehl nicht.« Er sagte: »Sergeant Kuhn, das ist ein Befehl.«

Langsam stand ich auf und ging hinüber zu meinem Jeep. Ich war vier Monate in der Scheiß-Wüste, hatte mir den Arsch aufgerissen, da kommt so ein Idiot und sagt mir in der ersten Pause, die ich seit zwei Monaten habe, ich soll diesen beschissenen Humvee abdecken! Plötzlich kochte ich innerlich über. Ich nahm mein Gewehr und ließ eine Patrone im Lauf. Ich hatte böse Gedanken. In dem Moment sah mein Chef, Sergeant Major Eckert, dass etwas im Gange war. Er trat aus seinem Zelt, ging auf mich zu, beruhigte mich und nahm mir die Waffe ab. Anschließend kümmerte er sich selbst um den Humvee. Er hat nie über den Vorfall gesprochen.

Je länger wir am Golf waren, desto mehr Probleme tauchten auf . Nach einiger Zeit wurde ich dem Hauptquartier als Fahrer zugeteilt und hatte meine alte Kompanie lange nicht mehr gesehen. Als wir sie gegen Ende der Operation einmal besuchten, stellte ich fest, dass meine Kameraden nicht mehr gemischt zusammensaßen, wie es früher gewesen war. Jetzt hockten die Weißen in einer Ecke des Camps und die Schwarzen in einer anderen. Wenn ein Weißer in die Ecke der Schwarzen ging, hörten die sofort auf zu reden. Ich kannte einen Schwarzen sehr gut, einen sehr netten Kerl, mit dem ich mich prima unterhalten konnte. Doch als er nun mit seinen schwarzen Kumpels zusammenstand, behandelte er mich wie einen Trottel.

Ich verstand das nicht. Im allgemeinen herrscht bei den Kampfsoldaten ein ausgewogenes Verhältnis zwischen Schwarz und Weiß. Weil meistens Leute aus den ärmeren sozialen

Schichten die Kampfjobs haben, gibt es bei diesen Einheiten so viele Schwarze. Aber in all meinen Jahren bei der Army hatten wir eigentlich zusammengehalten und uns gut verstanden, jedenfalls war das mein Eindruck. Deshalb war ich damals so perplex. Ich fragte ein paar Weiße nach dem Warum. Sie konnten es mir nicht erklären. »Es hat sich so ergeben«, sagten sie. Man redete nicht darüber.

Einmal saßen wir mit etwa fünfzehn Leuten im Hauptquartier, Schwarze und Weiße gemischt. Jemand sagte: »Okay, es ist langweilig hier, lasst uns Witze erzählen.« Die Schwarzen flachsten: »Na los, reißt mal ein paar Scherze über uns.« Wir sträubten uns zunächst, aber dann legten wir los und ließen ein paar Kracher hören. Nach uns Weißen kamen die Latinos an die Reihe, die kannten Witze über Schwarze und Weiße. Schließlich waren die Schwarzen dran. Die druckten herum, dann sagte einer: »Wir kennen keine Witze über Weiße.« Plötzlich wurde es ganz still im Zelt, eine peinliche Situation entstand. Man kam sich vor wie ein Idiot. Wie ein Rassist. Es ist ein absolutes Tabu in der Army, über Rassismus zu reden. Aber die Spannungen sind da.

Schließlich wurde in Saudi-Arabien ein riesiges Zeltlager für die zurückkehrenden Truppen aufgebaut. King Khalid Military City hieß das, oder einfach KKMC. Dort wuschen wir alle Panzer, Mannschaftswagen und Humvees und stellten sie für den Rücktransport ab. Tausende von Soldaten bereiteten sich im Lager auf ihren Abflug vor.

Zum Abschied aus Saudi-Arabien kam noch einmal ein Sandsturm auf, so dass wir zwei Tage länger in der Wüste bleiben mussten als geplant. Aber dann, am 18. Mai 1991, bestiegen wir endlich unsere Flieger, die extra mit gelben Bändern geschmückt waren. Wir hatten es hinter uns. Wir durften nach Hause. Bevor wir abflogen, bekamen wir auch die Wüstenuniformen, um die wir immer gebeten hatten. Ein bisschen spät. Wir sollten wohl gut aussehen, wenn wir in Frankfurt aus dem Flugzeug stiegen und uns dort die Presse erwartete.

Als wir dann in Frankfurt eintrafen, wurden wir zuerst genau durchgecheckt. Dort gibt es einen abgeschirmten Bereich, wo alle alles auspacken mussten. Manche Leute haben versucht, Handgranaten und andere Waffen aus dem Irak mitzunehmen.

Ich habe sogar gehört, dass einige Soldaten abgeschnittene Ohren und andere Körperteile mitführten, wie in Vietnam. Bei mir haben sie nichts gefunden, ich hatte ja auch nichts dabei. Keine Kalaschnikow, keine Handgranaten, keine Fotos von Leichen. Ich hatte mir nur ein paar irakische Offiziersmützen eingesteckt. Das hat aber keinen interessiert.

Von der Rhein-Main-Airbase in Frankfurt fuhren wir mit Bussen direkt nach Gelnhausen. Als erstes fiel mir auf, wie grün alles war. Die Farben sprangen mir so in die Augen, dass es richtig wehtat. Aber es war wunderbares Wetter, es war Frühling, und wir hatten den Krieg überlebt. In Gelnhausen erwartete uns dann eine große Überraschung. Hunderte Menschen standen am Straßenrand mit amerikanischen Fähnchen und klatschten. Sie trugen Transparente, auf denen stand: »Welcome home.«

Ähnlich war es in Fürstenau, wo meine Verlobte wohnte. Ich fuhr mit Jeff Hanson, mit Greg und seiner Frau dorthin. Meine Verlobte wollte mich wohl nicht treffen, aber ihre Eltern begrüßten mich herzlich. Sie weinten beide, als ich in ihrer Tür stand. Dann gab es eine riesige Party für uns im Dorf, und die Zeitung schrieb: »Steve und Greg sind wieder da!« Ich habe geweint, als ich das sah.

Gelnhausen, Deutschland

In Deutschland wusste ich plötzlich nichts mehr mit mir anzufangen. Die Kaserne in Gelnhausen wirkte wie eine Geisterstadt. Die Hälfte der Soldaten bekam sofort Urlaub. Es gab keine Panzer, keine Jeeps oder sonstiges Equipment mehr, das war alles unten am Golf geblieben. Der Standort Gelnhausen sollte im Rahmen unseres Truppenrückzugs nach dem Fall der Mauer ohnehin dichtgemacht werden. Jetzt wurde das durchgezogen.

Der übliche Appell fand zwar noch statt, aber nicht mehr um sechs, sondern um acht und irgendwie lustlos. Sergeant Major Eckert sagte: »Wer will, macht um elf Fitness, wir sehen uns dann wieder um zwei.«

Es gab nichts mehr zu tun. Du konntest mit deiner Zeit anfangen, was du wolltest. Es hat niemanden interessiert. Es gab keine Richtung mehr, keine feste Regel, keine Struktur. Die Soldaten schlichen bedrückt durch die Gegend. Es war wie der Kater nach einer durchzechten Nacht.

Die Zeit verging unendlich langsam. Ich saß allein in meinem Zimmer und fühlte mich verdammt einsam. Ich wurde regelrecht depressiv. Die meisten sind damals rausgegangen, saufen, haben Frauen und Gesellschaft gesucht. Ich besaß zu jener Zeit einen Jeep Cherokee, mit dem ich einfach ziellos durch die Gegend fuhr. Egal, wohin, egal, wie lange. Ich fuhr nach Frankfurt, Hanau, Bad Orb, Wächtersbach, Fulda, ich fuhr unsere alte Strecke an der Grenze ab.

Aber es war eine andere Zeit, und neben mir saß nicht mehr der Sergeant Major. Ich fühlte mich nutzlos. Damals überfiel mich erstmals dieses Gefühl der inneren Leere. Gedanken tauchten auf, die ich kaum abwehren konnte. Ich musste an den Irak denken. An die verwundeten Menschen von Basra. Immer wieder fragte ich mich, hast du genug getan? Warum durften wir ihnen nicht helfen? Ich verfiel in endlose Grübeleien.

Es war seltsam, aber ich begann, mich nach dem Irak zu sehnen. Dort war alles eins gewesen, Arbeit und Leben. Man war immer im Dienst, hatte immer etwas Sinnvolles zu tun. Und auf einmal war das weg. Von zweihundert wirst du plötzlich auf null geschaltet. Du kommst aus dem Krieg zurück, niemand wartet auf dich, du hast keine besonderen Pläne und kannst mit niemandem über all das reden. Plötzlich hast du alle Zeit der Welt, aber du kannst sie nicht ausfüllen. Das macht dir Angst. Einen Psychologen hätten viele von uns brauchen können, aber den gab es nicht. Und wenn es ihn gegeben hätte, wäre niemand hingegangen. Wer will schon als Psycho gelten?

Meinem Freund Jeff Hanson ging es ähnlich wie mir. Das merkte ich, als wir uns nach einer Woche wiedersahen. Er hatte Urlaub gekriegt und verbrachte die Zeit mit seiner deutschen Frau und seiner kleinen Tochter. Am ersten Wochenende nahm ich ihn mit nach Fürstenau. Auf der Fahrt stellte sich heraus, dass er große Probleme mit seiner Frau hatte und sie mit ihm. Jeff war im Krieg ein anderer Mensch geworden. Die Ehe, das Kind, Gelnhausen, das kam ihm plötzlich alles eng und bieder vor. Seine Frau verstand das nicht. Sie begriff nicht, dass er innerlich verwundet war und nicht damit klar kam, was er im Krieg erlebt hatte. Sie lebte in einer anderen Welt. Drei Jahre später ist Jeff einfach verschwunden, und niemand wusste, wohin.

Wir fühlten uns auf dieser Fahrt nach Fürstenau verbunden wie Brüder. Wir freuten uns, ein paar Tage nicht in Gelnhausen sein zu müssen. Wir sprachen über die Zukunft. Wir wollten beide aus der Army austreten und gemeinsam etwas Neues beginnen. Vielleicht ein Café oder ein Restaurant eröffnen. Was genau, wussten wir nicht, und es war auch nicht so wichtig. Wir wollten nur zusammen sein. Wenn wir zusammen waren, fühlten wir uns ein bisschen geborgen. Aber dann sollten sich unsere Wege doch recht bald trennen.

Ich habe damals verzweifelt versucht, jemanden zu finden, mit dem ich reden und den ich umarmen konnte. Aber mit Frauen klappte es überhaupt nicht. Ich war viel zu grob. Ich wollte immer die Kennenlernzeit überspringen. Ich sehnte mich nach Wärme und Zärtlichkeit, und weil ich das offensiv zeigte, waren alle sofort abgeschreckt.

Ein wenig Geborgenheit fand ich bei Rob Goldberg und seiner Frau. Als ich ihn einmal aus Saudi-Arabien anrief, hatte er gesagt: »Steve, ich weiß nicht, wie du dich fühlst, aber du hörst dich an wie ein ganz fremder Mensch. Du sollst wissen, dass ich da bin.« Ich ging oft zu ihnen in die Wohnung. Wir haben dann einfach auf dem Sofa gesessen, nichts geredet und nur Fernsehen geguckt. Rob gab mir das Gefühl, nicht völlig allein zu sein. Manchmal bin ich einfach auf seinem Sofa eingeschlafen, und er deckte mich zu.

Ich begann zu trinken. Oft leerte ich abends eine ganze Flasche Whisky, damit ich einschlafen konnte. Der Alkohol bewirkte auch, dass meine Tage nicht zu lang wurden. Du bist besoffen, wachst auf, weißt nicht, wo du bist, schläfst wieder ein, wachst wieder auf. Alkohol hilft, der Realität nicht ins Auge zu sehen. Ich habe abends oft meine Zimmertür abgeschlossen, den Fernseher eingeschaltet und getrunken – bis zur Besinnungslosigkeit.

Niemand hat mich je darauf angesprochen. Soldaten trinken eben, das ist normal. Morgens hatte jeder eine Fahne. Mir ging es schlecht. Ich kotzte, war müde und traurig. Und ich war nicht der Einzige, der viel trank. Fast alle Kameraden hatten Probleme, sich wieder an das normale Leben zu gewöhnen.

Es half auch nur ein bisschen, dass mir Sergeant Major Eckert bei der Rückkehr eine Aufgabe in Aussicht gestellt hatte. Noch auf dem Flughafen hatte er zu mir gesagt: »Kuhn, ich habe einen Job für dich.« Es war einer der stolzesten Momente meines Lebens, als er mich bat, die Fahne unseres Bataillons, die Fahne der achten Kavallerie, bei den Siegesparaden in Washington und New York zu tragen. Wahnsinn, dachte ich, ausgerechnet du bist ausgewählt worden, dein ganzes Bataillon zu repräsentieren!

Ich hatte während des Kriegs oft an mir gezweifelt und den Sinn des Ganzen nicht mehr verstanden. Aber dies war eine Ehre, die meinen Patriotismus wieder voll entflammte. Ich hatte getan, was mein Land von mir verlangte, ich hatte es überlebt, und jetzt wurde mir diese große Ehre angetragen. Ja, dachte ich, ich bin ein echter Amerikaner. Ein stolzer Amerikaner. Ich würde ein guter Fahnenträger sein.

Washington (D.C.) und New York, USA

Während des gesamten Golfkriegs war ich für die Bataillonsfahne der achten Kavallerie zuständig gewesen. Das ist eine alte Tradition aus dem Bürgerkrieg. Jeder kennt die Filme, wo immer ein Typ mit der Fahne vorneweg marschiert. Im Bürgerkrieg durfte die Fahne niemals auf den Boden fallen, und wenn der Träger starb, musste ein anderer sie übernehmen. Noch heute gilt: Die Fahne darf nie den Boden berühren. Dafür zu sorgen, war mein Job. Ich hatte sie immer im Jeep dabei, eingerollt natürlich.

Nach Washington flog ich zusammen mit einem Kumpel aus der Kaserne, der die Fahne eines anderen Bataillons tragen sollte. Während des Flugs schlief er ein und wachte plötzlich laut schreiend auf. Alle wandten sich zu ihm um. Er hatte vom Golfkrieg geträumt.

Die Fahne habe ich dann bei beiden Siegesparaden getragen, zuerst am 8. Juni 1991 in Washington, DC, und zwei Tage später in New York City. Es war wirklich Wahnsinn. Wir hatten auch Glück mit dem Wetter. Tausende von Menschen standen an der Straße. In Washington zogen wir vom Smithsonian Institute

Siegesparade in Washington (D.C.) am 8. Juni 1991 (Zeitungsfoto, The Sun, Baltimore).

vorbei am Washington Monument durch das Regierungsviertel. Über uns kreisten die Flugzeuge der Luftwaffe.

Es war eine sehr ernste, nüchterne Parade. Ansprachen gab es nicht, keine Musik, nur die Stiefelschritte, jedenfalls bei unserer Division. Weil man aber einen Beat zum Marschieren braucht, musste ich singen, damit wir nicht aus dem Tritt kamen. Ich habe eine laute, kräftige Stimme, also sang ich die ganze Zeit das Schrittlied: »your left, your left, your left, right, left, your military left…«

Es war sonst ganz ruhig, da wurde kontrolliert geklatscht, alles war sauber, überall abgesperrt, es gab viel Polizei. Wir marschierten an einer verglasten Tribüne vorbei, auf der Präsident George Bush senior, General Schwartzkopf, General Powell und Dick Cheney standen. Ich habe sie nur halb gesehen, weil ich meinen Kopf gerade halten musste. Aber sie waren mir auch nicht so wichtig. Wichtiger waren mir die Menschen am Straßenrand.

Als die Parade vorbei war, kam ein Mann mit seinem kleinen Sohn auf mich zu. Er blieb vor mir stehen, musterte mich anerkennend, gab mir die Hand und sagte zu seinem Sohn: »Guck mal, das ist ein Held, ein wahrer Held. Der ist für deine Freiheit in den Krieg gezogen!« Das hat mich tief berührt. In diesem Moment dachte ich nicht mehr an Basra, ich dachte an Kuwait. Ja, wir hatten Kuwait befreit und Saddam rausgeschmissen und wurden zu Recht dafür geehrt. Ich fühlte mich stark und lebendig. Wir hatten den Krieg überlebt. Und das war ja wirklich ein Grund zum Feiern.

Am Abend aber geschah etwas Merkwürdiges. Es gab ein gigantisches Feuerwerk in Washington, ich saß auf einer Mauer im Park – und bin vor Angst fast gestorben. Es war das erste Mal nach dem Krieg, dass ich es laut knallen hörte. Ich geriet in Panik, kalter Schweiß brach mir aus, mein Puls raste, dann wurde mir schlecht, ich fing an zu zittern, bin in mich zusammengesackt und habe versucht, mich irgendwo zu verkriechen.

Ich wusste nicht, was mit mir los war. Ich war eingefroren wie beim Scud-Alarm. Minutenlang konnte ich mich nicht mehr bewegen. Ich habe dann ein Taxi genommen und bin zur Universität gefahren, wo wir wohnten. Weil ich auch später so schreckhaft blieb, habe ich mich jahrelang trainiert, keine Angst mehr vor Knallern oder Dingen zu haben, die plötzlich irgendwo auftauchen. Jetzt gerate ich bei einem Feuerwerk nicht mehr in Panik, aber ganz wohl ist mir auch nicht.

Die Parade in New York war der totale Kontrast zu Washington. Es war eine unglaubliche, gigantische Party. Ein rauschender, bunter, taumelnder Karneval. Wir marschierten vom Battery Park die Fifth Avenue hoch. Die Leute warfen so viel Konfetti, Toiletten- und anderes Papier auf uns runter, dass wir am Ende durch eine zwanzig Zentimeter hohe Schnipselschicht stiefelten. Derartig viele Menschen jubelten uns zu, dass es immer schwieriger wurde, sich einen Weg durch die Menge zu bahnen. Liefen wir anfangs noch zu elft, waren wir am Schluss nur noch drei Mann pro Reihe. Die Menschen bildeten einen Trichter, der sich immer mehr verengte. Sie zerrten an unseren Uniformen, klopften uns auf die Schultern, die Frauen hoben ihre Hemden und wackelten mit ihren Brüsten. Es war irre. Ich konnte die vielen Eindrücke gar nicht mehr richtig aufnehmen.

An diesem Tag fühlte ich mich geliebt, geschätzt, wie ein Superheld. Alle haben uns umarmt, selbst die Polizei, und in jeder Bar bekamen wir umsonst Getränke. Nach der Parade lernten mein Kumpel und ich sofort zwei Frauen kennen. Meine war blond und hatte schöne Locken. Verschwitzt wie wir waren, sind wir mit zu ihnen gegangen, haben geduscht und es uns gut gehen lassen. Allerdings hatten wir nur zwei Stunden Zeit, dann mussten wir wieder am Bus sein.

Leider konnte ich die Paraden nicht filmen, weil ich ja die Fahne trug. Immerhin habe ich zwei Zeitungen aufgehoben, die »Army Times« mit dem Titel »Paths of Glory«, Wege des Ruhms, und »The Sun« aus Baltimore mit der Schlagzeile »Welcome Home, Desert Storm«. In der »Army Times« bin ich mit meiner Fahne sogar zu erkennen.

Als wir mit dem Bus New York verließen, waren wir eine besoffene, glückliche, johlende Horde von Soldaten. Es war ein irrer Tag. Ich fühlte mich wohl wie lange nicht mehr. Dieser Tag dürfte nie enden, dachte ich.

Zurück in Deutschland war es schnell vorbei mit der Euphorie. Ich kam wieder in die leere, vor sich hindämmernde Kaserne in Gelnhausen. Alle saßen noch immer regungslos herum, keiner wollte von dem Spaß hören, den wir auf den Paraden hatten. Im Nu war das Hochgefühl verflogen. Ich wurde unzufrieden und nervös, ich spürte eine ständige Unruhe in mir und zunehmend auch eine Wut, die ich nicht rauslassen konnte. Ich konnte mir nicht erklären, was mit mir los war und woher das kam. Damals musste ich viel an die Schlacht im Wadi denken. An dieses unglaubliche Gefühl, größer und gewaltiger, als ich es je erlebt hatte. In Gelnhausen wirkte alles fade. Man sucht nach diesem Kick, will dieses Gefühl noch einmal erleben, aber das geht natürlich nicht. Man ist wie ein Süchtiger ohne Droge.

Einen Monat nach den Paraden bekam ich Urlaub und flog nach Harrisburg. Meine Mutter hatte ein großes Schild an die Tür ihrer Wohnung gehängt, damit es auch alle Nachbarn gut erkennen konnten: »Welcome Sergeant Kuhn«. Als sie die Tür öffnete, trug sie dieses Golfkriegs-T-Shirt mit der Schrift »Proud to be an American« und hatte noch ein privates Plakat für mich gemalt: »Welcome home Steven«. Es war schön, Mom, Shelley und Scott zu sehen. Ich hatte sie in den vergangenen Jahren nur dreimal besuchen können.

Weil mein Zwillingsbruder Scott mich darum bat, habe ich während meiner zwei Wochen Urlaub als Kellner in dem Restaurant gearbeitet, in dem er hinter dem Tresen stand. Das war ein sehr edler, luxuriöser Schuppen, in dem auch die Lokalpolitiker von Harrisburg verkehrten. An einem meiner ersten Tage

Siegesparade in New York am 10. Juni 1991 (Foto Uwe Friedrich).

Willkommen zu Hause Steven, sagen seine Mutter Sandra und seine Schwester Shelley.

saß dort ein Abgeordneter mit seinen noblen Freunden und Frauen. Ich brachte ihm einen Cesar's Salad und fragte ihn, welches Dressing er wolle. Ich wusste nicht, dass dieser Salat immer mit einer bestimmten Sauce kommt. Plötzlich guckten alle komisch, und der Abgeordnete zog die Augenbraue hoch und sagte zu seinen Leuten: »Ist schon okay, das ist ja nur einer von diesen dämlichen Soldaten.« Das sagte der Mann drei Monate nach dem Krieg! Ich glaubte meinen Ohren nicht zu trauen.

Ich bin einfach komplett ausgerastet. Ich brüllte ihn an: »Wie kannst du so was sagen, du Mistkerl? Du sitzt hier auf deinem fetten Arsch und weißt doch gar nicht, wie das ist im Krieg!« Ich war so wütend, ich habe ihm richtig meine Meinung gesagt. Mein Bruder kam an den Tisch und versuchte, mich wegzulotsen, aber ich brüllte weiter: »Ich habe meinen Kopf für dich hingehalten, und jetzt nennst du mich einen dämlichen Soldaten!« Mir war zum Weinen, ich konnte einfach nicht glauben, dass einer unserer Politiker so über uns Soldaten dachte. Am liebsten hätte ich diesem verdammten Arsch richtig eine reingedrosselt. Mein Bruder musste mich zurückhalten. Und der Politiker sagte noch: »Guckt mal, der hat ja wirklich keine Manieren.«

Bei einer anderen Gelegenheit habe ich dann zugeschlagen. Scott fuhr mit mir zum Strand in Delaware, und wir kehrten in einer Pizzeria ein. Als wir saßen, erhob sich mein Bruder und sagte laut, so dass es alle Gäste hören konnten: »Mein Bruder ist gerade vom Golf zurück, ich bin sehr stolz auf ihn. Cheers!« Da stand ein Typ auf und sagte: »Ich hätte auch gern einen bezahlten Urlaub am Golf gehabt.« Ich glaube, Scott war saurer als ich. Wir haben den Mann dann gemeinsam auseinandergenommen. Es stellte sich heraus, dass er ein US-Marine war und nicht beim Krieg dabei sein durfte. Deshalb war er wütend und wollte wohl seinen Frust an mir auslassen.

Mom ist bis heute stolz auf mich. Sie findet es gut, was ich beruflich erreicht habe. Deshalb macht es mich traurig, dass sie mich im Augenblick so wenig versteht. Wir tauschen E-mails aus, ich schreibe ihr, dass ich den Irak-Krieg ablehne, und sie antwortet: »Steve, meinst Du wirklich, es ist besser, Saddam an der Macht zu lassen mit all seinem Giftgas?« So wird das in Amerika verkauft. Ich versuche, ihr klarzumachen, dass es nicht so einfach ist. Aber ich weiß, das gefällt ihr nicht.

Es macht wohl keinen guten Eindruck, einen Zweifler in der Familie zu haben, weil sie inzwischen immerhin die Chefsekretärin des Bundesstaatsanwalts von Pennsylvania geworden ist. Sie hat sich hochgearbeitet, hat einen tollen Job, einen guten Mann, ein schönes Haus und zwei Pferde, und wieder mache ich ihr Ärger. Ich versuche immer, ihr zu erklären, dass ich nicht für Saddam bin, sondern nur gegen den Krieg, aber das versteht sie nicht. Sie sieht es als einen Angriff auf unser Land.

Berlin, Deutschland

Damals öffneten sich verschiedene Möglichkeiten, und ich musste mich entscheiden. Da die Kaserne in Gelnhausen geschlossen wurde, mussten alle Soldaten verlegt werden. Sergeant Major Eckert wollte, dass ich als sein Fahrer mit ihm nach Fort Bliss in Texas gehe. Er sagte: »Wenn du das machst, ist deine Karriere gesichert.« Eckert sorgte auch dafür, dass ich die Tapferkeitsmedaille bekam. Ich war ganz überrascht. In der Begründung steht, dass ich »geholfen habe, den Feind zu bekämpfen und mich ehrenhaft und tapfer verhalten habe unter feindlichem Beschuss«.

Das war wieder typisch für meinen Chef, der mir damit wahrscheinlich mitteilen wollte, wie stolz er auf mich war. Er hielt mich für einen sehr tapferen Soldaten. Ich habe damals wirklich hin und her überlegt, ob ich ihm folgen sollte. Eckert kannte hohe Tiere beim Militär, er war nicht ohne Einfluss. Amerika oder Deutschland? Was sollte ich tun?

Ich entschied mich, in Deutschland zu bleiben. Hier fühlte ich mich geborgen. In Deutschland lebten meine besten Freunde Jeff und Rob, die mich zu ihrem Familienmitglied erklärt hatten. Ich hatte das Gefühl, dass ich hier gut aufgehoben war. Die Menschen in Deutschland schätzen uns Amerikaner, weil wir anders sind als sie. In Amerika bist du nur einer unter vielen, in Deutschland bist du etwas Besonderes. Meine Frau hat es immer aufgeregt, wie verschieden sie und ich behandelt wurden. Kriegte ein Beamter mit, dass ich Amerikaner war, kam ich sofort an die Reihe. Sie als Türkin hat man warten lassen.

Außerdem wusste ich bereits, dass ich nach Berlin versetzt werden würde, wenn ich bliebe. Berlin war nun wirklich reizvoller als Fort Bliss. Ich war nur einmal 1987 für zwei Tage privat in Berlin gewesen, aber damals hatte ich genug gesehen, um mich zu entscheiden. Vom Standpunkt eines überzeugten Soldaten war Berlin erste Wahl, solange die Mauer noch stand. In Berlin wurde man ständig von den Russen beobachtet, jeder Fehler wurde registriert und konnte erhebliche Konsequenzen haben. Deshalb musstest du in Berlin der perfekte Soldat sein. So war es vor dem Mauerfall. Ich hatte ja keine Ahnung, dass sich seitdem einiges geändert hatte.

Noch vor meinem Urlaub in Harrisburg fällte ich die Entscheidung. Sergeant Major Eckert war damals sehr enttäuscht, glaube ich. Natürlich zeigte er es nicht. Als ich ihn informierte, sagte er: »Okay, schade.« So war er. Ganz klar, ganz eindeutig. Kein Wort zuviel. Als ich mich dann von ihm verabschiedete, hielten wir das Ganze so männlich wie möglich. Ich ging in sein Büro und sagte: »Sergeant Major, ich fahre jetzt nach Berlin.«

Ich hatte das Gefühl, dass wir uns damals mehr als nur die Hand geben wollten, aber das passierte natürlich nicht. Eckert sagte: »Wenn du was brauchst, ruf mich an. Wenn du Probleme hast, ich helfe dir. Roger. Out here.« Er war immer sehr militärisch, auch in diesem Moment. Ich war traurig, sehr traurig sogar. Ich grüßte und versuchte, korrekt zu wirken. Aber die Tränen standen mir in den Augen. So ist es in der Army. Dauernd verlierst du Freunde und Bekannte, weil alle ständig wechseln. Mit Sergeant Major Eckert habe ich nach meiner Entlassung nur noch einmal kurz telefoniert, und er schickte mir die Abschiedsmedaille der achten Kavallerie.

Im Juli 1991 wurde ich in die McNair Barracks in Berlin-Zehlendorf verlegt. Ich kam wieder zu den Panzerfahrern. Es war eine neue Situation, eine andere Umgebung, ein neues Leben. Und das wichtigste war: Ich hatte etwas zu tun, das mir Spaß machte. Sofort hörte ich mit dem exzessiven Trinken auf.

Leider wurde ich aber sechs Monate später zu einer anderen Einheit in Berlin versetzt, wo sie mich von Beginn an hassten. In den Turner Barracks sagten Soldaten, die unter mir standen: »Wenn wir dich draußen treffen, treten wir dich in den Arsch.« Ich hörte mir das an und sagte: »In der Kaserne nennt ihr mich Sergeant – draußen könnt ihr machen, was ihr wollt. Und jetzt macht ihr dreißig Liegestütze.« Das waren sie nicht gewohnt.

Sie waren eifersüchtig, weil ich in ihren Augen all das darstellte, was sie nicht erreicht hatten. Ich besaß viele Orden, war im Golfkrieg gewesen und hatte gerade kürzlich in einem Manöver brilliert. Sie waren aber auch frustriert, weil ihre schöne Brigade abgewickelt werden sollte.

Viele in dieser Kompanie waren aus der Mauerzeit übriggebliebene Karrieresoldaten. Als die Mauer fiel, hatten sie das Gefühl, dass man ihnen etwas wegnahm. Auf einmal waren sie nichts Besonderes mehr. Sie hatten auf ihrer kleinen Insel Berlin gedient, wo nach außen alles perfekt sein musste, nur nach innen nicht. Sie waren weder im Manöver gewesen noch im Krieg. Sie motzten schon rum, als wir mal für einen Monat ins Manöver mussten. Und dann sind wir auch noch am Wochenende mit Bussen nach Berlin zurückgefahren! Ich dachte, wo sind wir denn hier? Während eines Manövers!

Die Disziplin ließ sehr zu wünschen übrig, die trugen lange Haare, hatten Gel im Haar. Aber Hauptsache, ihre Panzer glänzten, da war nicht ein Kratzer dran. Die Berlin Brigade war dafür bekannt, dass sie sogar Chromfelgen auf ihren Jeeps hatte –

das war alles wichtig für die Paraden. Ich aber war es gewohnt, im Schlamm zu stecken. Nein, diese Showbrigade war nichts mehr für mich. Ich dachte, was hast du eigentlich noch in der Army verloren? Du hast die Trophy gewonnen, du hast die Mauer fallen sehen, du bist im Krieg gewesen. Was sollte noch kommen?

Damals fasste ich einen Entschluss: Es ist genug, ich gehe. Ich wollte aber in Berlin bleiben. Die Stadt gefiel mir, sie war voller Energie. Meine Freundin und spätere Frau Media bestärkte mich. Ich hatte sie in einem Irish Pub in Berlin Anfang 1992 kennen gelernt. Ich sah sie am Tresen stehen und war hingerissen. Hübsch und frech sah sie aus und sie hatte ein überwältigendes Lachen. Ich trat hinter sie und strich ihr mit meinem Finger die Wirbelsäule entlang. Sie drehte sich um, schaute mich zunächst bitterböse an, aber dann lächelte sie. Ich habe drei Monate um sie geworben. Sie war damals 22 Jahre alt und Kellnerin im »Hard Rock Café«. Jeden Tag besuchte ich den Schuppen, bis ich sie endlich soweit hatte, mit mir auszugehen. Schließlich wurden wir ein Paar.

Als ich im Sommer 1992 erneut versetzt wurde, fuhr ich jedes Wochenende von meiner neuen Kaserne in Schweinfurt nach Berlin, um Media zu sehen. Sie gefiel mir wie keine andere zuvor. Sie ist immer fröhlich und hat diese leuchtenden Augen. Sie strahlt Glück aus, deswegen findet sie auch jeder sympathisch. Medias Eltern sind Türken, die als Gastarbeiter nach Berlin kamen, sie wuchs aber in Deutschland auf. Wir waren sechs Monate zusammen, bevor ihre Eltern davon erfuhren. Ihre Mutter fand es dann heraus und sagte, es ist okay. Die Familie nahm mich ebenso liebevoll auf wie damals Anjas Eltern in Fürstenau. Sie haben mich akzeptiert, wie ich war.

Wir heirateten erst im Oktober 1995, und zwar in Harrisburg. Meine Mutter mochte Media sofort. Meine Frau ist einfach ein echter, ehrlicher Mensch.

Als ich einmal mit Media in Kreuzberg ausging, saß hinter uns ein junger Mann mit Krücken, der mich plötzlich ansprach, weil er mitbekam, dass ich Amerikaner war. Er war Iraker und im Golfkrieg verwundet worden, dann hatte er in Deutschland Asyl gesucht. Ich fragte mich erst, was will der Typ von dir? Aber er war so nett und fröhlich, es war unfassbar, schwer zu

Hochzeitsfoto von Media und Steven, aufgenommen 1995.

begreifen. Wir sprachen über unsere Länder. Warum wir gekämpft hatten. Wir sagten: »Wir waren Soldaten und haben unsere Befehle befolgt. Wir wurden hin- und hergeschoben von Politikern, die nicht dabei waren. Sonst hätten wir nie aufeinander geschossen.« Wir haben den ganzen Abend zusammen Bier getrunken und über den Krieg gesprochen. Ich habe mich ihm geöffnet. Er war Iraker und Muslim, und wir konnten uns ganz friedlich unterhalten! Als wir auseinander gingen, umarmten wir uns. Diese Begegnung wirkte auf mich wie ein Traum, irgendwie unwirklich.

Durch Media lernte ich den Islam kennen. Es war für mich erst sehr schwer zu begreifen, dass ich eine Frau liebte, die Muslimin ist. Umso wichtiger war es für mich, den Islam kennen zulernen. Wir haben uns dann in Bibliotheken den Koran und Bücher über den Islam besorgt und haben das alles gelesen.

Ich hatte erwartet, dass der Islam sehr hart ist und dass im Koran steht, tötet alle Christen, aber das war gar nicht der Fall. Eigentlich ist der Islam eine sehr schöne, sehr tolerante Religion, wenn man ihn richtig praktiziert. Damals habe ich verstanden, dass es gut ist, wenn man an etwas glaubt, das einem hilft im Leben, egal, welche Religion. Ich war in meinem Leben schon Katholik, Presbyterianer, Baptist und Mormone, weil es meine Stiefväter so wollten. Aber letztlich habe ich immer an den gleichen Gott geglaubt. Gott ist für mich Gott, ich muss nicht in eine bestimmte Kirche gehen. Weil ich so dachte, konnte ich gut mit Media auskommen.

Schweinfurt, Deutschland

In Schweinfurt sagte ich dem dortigen Kommandanten, den ich aus dem Golfkrieg kannte: »Ich will raus aus der Army.« Er war Kumpel und half mir, die Entlassungspapiere zu bekommen, ohne mein restliches Jahr noch abdienen zu müssen.

Ich fragte mich ununterbrochen, willst du wirklich raus? Die Army ist deine Familie, willst du im Ernst deine Familie verlassen? Andererseits dachte ich, wird jeder mal erwachsen und geht in die Welt. Wahrscheinlich steckte noch etwas anderes hinter meinem Entschluss, etwas Unbewusstes. Seit dem Krieg war ich nicht mehr der Soldat, der ich vorher war und schon gar nicht der, der ich einmal sein wollte. Ich schätzte, die Army war einfach nicht mehr das Richtige für mich. Ich wollte noch etwas anderes vom Leben, als immer Befehle zu befolgen und nie nach links oder rechts zu schauen. In den zwei letzten Wochen habe ich meine Ausgehuniform dann jeden Tag angezogen, weil ich wusste, dass ich sie außer auf Galas nie wieder würde tragen können.

Anderthalb Jahre hatte ich nichts mehr von Jeff Hanson gehört; ich hatte ihn aus den Augen verloren, weil er umgezogen war. In Schweinfurt bekam ich eines Tages einen Anruf, und es war Jeff. Wenig später trafen wir uns. »Steve, du tust das Richtige«, sagte er. Er war schon ein Jahr raus aus der Army, trug lange Haare und lief ein bisschen schlampig herum. Aber ich spürte, dass er innerlich Soldat geblieben war.

Nachdem ich allen Papierkram erledigt hatte, musste ich nach Würzburg und die Entlassungspapiere unterschreiben. Bevor ich sie unterzeichnete, erbat ich mir noch mal eine Stunde Zeit und ging in die Kantine. Ich trank einen Kaffee und dachte, Steve, willst du das wirklich? Willst du wirklich weg hier? Mir war, als würde ich mein ganzes Leben aufgeben.

Aber dann sagte ich mir, während ich meinen Kaffee trank und mir alles noch einmal einprägte, die vertrauten Bilder von Panzern und anderem Gerät, die Urkunden der Division, die aktuellen Aushänge, das Army-Geschirr: Du hast dich entschieden, Steve, jetzt zieh es auch durch! Dann ging ich ins Büro des Kommandanten und nahm meine Papiere entgegen.

Es war der 15. Dezember 1992, als ich den Dienst in der Army quittierte. Während ich über die Autobahn nach Berlin fuhr, war ich traurig. Ich hatte mich von der Army abgenabelt, die ich als das Wertvollste in meinem Leben ansah. Mir ging durch den Kopf, dass ich jetzt ein Nichts war. Ein Niemand. Und ich ging nach Berlin, wo ich keinen kannte außer meiner Freundin. »Gut, dass du da bist, Steve«, sagte Media, als ich in Berlin eintraf.

Als ich damals bei ihr einzog, lebte sie in einer Ein-Raum-Wohnung in Berlin-Neukölln. Ich hatte keine Arbeit, kein Geld, ich hatte nur einen Koffer. Aber nicht nur die berufliche Zukunft bereitete mir Sorgen, etwas anderes quälte mich fast noch mehr. Es war nicht mehr zu ignorieren: Ich war krank. Ich versuchte, dagegen anzukämpfen, aber ohne Erfolg. Ich litt immer wieder unter entsetzlichen Schüben von Migräne, Asthma und Gelenkschmerzen.

Nach der Rückkehr vom Golf hatte ich bereits mit einer lähmenden Müdigkeit zu tun gehabt, die nicht nur vom Alkohol kommen konnte. Ich schleppte mich durch die Tage und wollte am liebsten dauernd schlafen. Nach den Siegesparaden aber kam die richtige Krankheit. Ich bekam Grippe, Asthma, blutigen Hautausschlag auf dem Kopf. Morgens konnte ich kaum aufstehen, weil meine Gelenke sich anfühlten, als hätte sie nachts jemand zusammengeklebt. Die Barthaare fielen aus, so dass die Gesichtshaut weich wurde wie ein Babyarsch. Ich hatte ständig heftigen Durchfall. Und schließlich überfiel mich diese furchtbare Migräne.

Was war nur los mit mir? Ich war damals 24 Jahre alt und fühlte mich wie ein Greis. Ich konnte meinen Sport nicht mehr betreiben, ich war antriebslos, ständig erschöpft und schwach. Steven Eugene Kuhn und krank? Das hatte es nie gegeben. Ich war ein Mustersoldat, hoch trainiert mit einem athletischen Körper. Kein Einsatz, den ich nicht bewältigt hätte. Keine Strapaze, die ich mir nicht zugemutet hätte. Wenn ich morgens vor Schmerzen nicht aus dem Bett kam, spürte ich eine ohnmächtige, ziellose Wut.

Anfangs dachte ich noch, es handele sich um eine ganz normale Grippe, aber drei Monate später war sie immer noch da. Als ich wieder einmal beim Army-Arzt in Berlin saß, sagte der: »Sieh mal hier, im Time Magazine schreiben sie über eine seltsame Krankheit von Veteranen, die sie Golfkriegssyndrom nennen.« Ich las den Artikel und dachte, oh Scheiße, es ist genau das, was ich habe. Ich bekam einen riesigen Schreck. Mein Gott, fragte ich mich, was ist nur mit mir passiert?

Ich vermutete damals, dass die Beschwerden von den Antigiftgas-Tabletten kämen, die wir noch bis weit in den Sommer 1991 nehmen mussten. Aber es könnte auch die Uranmunition gewesen sein. Die Gase aus den brennenden Ölquellen. Oder die chemischen Kampfstoffe, die die Army damals in die Luft jagte. Oder alles zusammen. Ich fühlte mich matt und mutlos, ich hatte das Gefühl, nicht gut genug gewesen zu sein. Selbst als ich krank wurde, habe ich das mehr auf mich bezogen als auf die Army.

Von da an ließ ich so viele Untersuchungen wie möglich machen. Aber es waren immer Untersuchungen durch Army-Ärzte, und die haben meistens nichts festgestellt. Mal diagnostizierten sie das eine, mal das andere Symptom, aber nie einen Zusammenhang – also passte es nicht zum Golfkriegssyndrom. Auch in Schweinfurt habe ich alle Ärzte aufgesucht. Ich dachte, dass sie vielleicht zu anderen Ergebnissen kämen, aber es war immer das Gleiche. Im Endeffekt sagten alle, ich hätte ein PTSS, ein Posttraumatisches Stress-Syndrom.

Die Army ließ damals Studien über kranke Veteranen erstellen, weil es sich langsam zu einem Massenphänomen auswuchs. Ein fassbares Ergebnis kam dabei nicht heraus. Jeder Ex-Soldat habe andere Symptome, sagten die Experten, folglich könne es sich nicht um eine gemeinsame Krankheit handeln. Es musste PTSS sein. Die Krankheit sei psychosomatisch, stellten sie fest.

Ich habe das nie geglaubt. Meine Symptome waren sehr real. Gut, es ging rauf und runter, die Beschwerden waren mal schwerer, mal leichter, und mit der Zeit gewöhnte ich mich daran. Aber ich litt immer wieder auch unter rasenden, kaum zu ertragenden Schmerzen. Die Beschwerden sind auch heute noch da, Gelenkschmerzen, Migräne, Asthma. Dazu kommt noch der Tinnitus vom Panzerfahren.

Anfangs konnte ich mit niemandem darüber reden. Wenn du in der Army krank bist, giltst du als Versager. Doch als ich Jeff Ende 1992 wieder traf, stellte sich heraus, dass wir unter den gleichen Symptomen litten. Jeff war richtig bitter, so hatte ich ihn noch nie erlebt. Er schimpfte: »Wir gehen da rüber, riskieren unsere Ärsche, und jetzt lassen sie uns hängen. Auf einmal wollen sie uns weismachen, dass wir Psychos sind, aber das sind wir nicht.«

Es klingt sicher seltsam, aber ich war nicht so schockiert wie Jeff. Ich kannte auch die dunkle Geschichte der Army. Ich wusste Bescheid über Agent Orange, womit sie die Soldaten in Vietnam vergiftet hatten. Die Army ist eine Freiwilligenarmee, man kann das alles wissen, man muss da nicht eintreten. Es hat mich nicht überrascht. Aber wütend war ich schon.

Nach meinem Abschied habe ich mich noch einmal einer

speziellen Untersuchung bei Army-Ärzten in Heidelberg und Frankfurt unterzogen und wurde auch zu einem Psychologen geschickt. Der sprach eine Weile mit mir und sagte dann: »Es ist nur dein Kopf. Die Psyche.« Ich konnte es nicht begreifen. Ich zeigte ihm die Wunden auf meinem Kopf und meine kaputten Gelenke, aber das hat ihn überhaupt nicht interessiert.

Damals sagte ich zu mir, bevor ich mich jetzt erschieße, versuche ich, positiv zu denken. Denn ich wusste, dass der Psychologe in einem Recht hatte. Die Psychologie spielt immer eine große Rolle, ob im negativen Sinn – oder im positiven. Was bringt es, sein Leben in Bitterkeit zu verbringen, und fünf Minuten vor dem Tod kommt der Bescheid, dass sie eine Entschädigung zahlen. Na prima!

Dann war ich auch noch bei zivilen Ärzten in Berlin, aber ich gewann immer wieder den Eindruck, dass auch sie nicht viel Interesse für mich und meine Krankheit aufbrachten. Die stellten zum Beispiel total unnormale Leberwerte fest, aber es folgte nichts daraus. Ich habe versucht, bloß nicht daran zu denken, denn ich fürchtete, dass die Werte sonst nur noch schlimmer würden.

Lange Zeit blieb Jeff der einzige, mit dem ich über die Krankheit reden konnte. Als er 1994 plötzlich verschwand, hatte ich niemanden mehr. Mittlerweile gibt es das Internet, damit hat sich viel geändert. Es gibt Veteranen-Chats und Webseiten über das Golfkriegssyndrom. Schließlich machten die Veteranenverbände in Amerika einen solchen Druck, dass die Regierung sich bewegte. Präsident Clinton berief einen Beauftragten für das Golfkriegssyndrom. Dort meldete ich mich und erzählte denen, dass ich miterlebt hatte, wie das Giftgaslager im Irak in die Luft gejagt wurde. Ich habe richtig Stunk gemacht.

Sie haben mich dann zurückgerufen. Sie fragten mich, welche anderen Soldaten damals in unserem Lager waren. Ich erzählte ihnen alles, die ganze Geschichte. Doch bis heute glaubt mir niemand, wie heftig wir damals am Boden lagen. Das ist nirgends offiziell registriert.

Schließlich bekam ich 1997 einen Brief von der Regierung, in dem sie mir bestätigten, dass ich mit Cyclosarin vergiftet wurde, einem bösen Nervengift. Sie teilten mir mit, dass ich in jedem Veteranenkrankenhaus kostenlos behandelt würde. In Europa gibt es nur ein solches Krankenhaus, und das steht in Paris. Sie haben mir aber zugleich geschrieben, ich würde als »nicht krank« eingestuft, weil meine Symptome nicht so schwer wie bei den anderen Soldaten seien. Als ich das las, dachte ich, okay, ihr Arschlöcher, so ist das also. Dann eben nicht.

Mir war es zu anstrengend, um eine Entschädigung zu kämpfen. Ich wollte nie Geld, ich wollte eigentlich immer nur wissen, was genau mit mir los war. Außerdem habe ich miterlebt, wie es Jeff erging, und das wollte ich mir nicht antun. Jeff hat jahrelang um seine Entschädigung kämpfen müssen. Die wollten, dass er ihnen bewies, dass er diese Krankheit hatte. Was ist der Effekt? Um zu beweisen, wie krank du bist, musst du an die Krankheit glauben und wirst dabei immer kränker.

Ich habe viele Freunde, die unter geschwollenen Gelenken leiden, unter Hautausschlägen, Müdigkeit, Migräne. Jeder geht anders damit um. Viele verstricken sich in einen endlosen Kampf mit den Ämtern und werden dabei immer bitterer und mutloser. Die Versicherungen zahlen nicht, die Regierung verschleppt alles. Über die Jahre wurde das Golfkriegssyndrom medizinisch mehrfach bestätigt und anschließend widerlegt. Die Experten können sich nicht einigen. Sie eiern immer noch herum. Mittlerweile hat man die Krankheit bei fast einem Drittel der ehemaligen Golfkriegssoldaten festgestellt, und viele sollen sogar daran gestorben sein.

Nachdem ich den Regierungsbescheid erhalten hatte, hörte ich auf, mich um weitere Diagnosen zu kümmern. Schluss damit, sagte ich mir, ich lebe jetzt mein Leben. Kurz darauf suchte ich einen Heilpraktiker auf, der mir unglaublich geholfen hat, vor allem bei den Gelenk- und Kopfschmerzen. Seitdem nehme ich Vitamine und homöopathische Pillen. Ich lebe gesund und bewege mich viel. Von einem Tag auf den anderen hörte ich auf zu trinken und zu rauchen. Und das Wichtigste: Ich versuche, immer positiv zu denken. Ich würde behaupten, mir hat das geholfen.

Natürlich habe ich Angst davor, an Krebs zu erkranken. Bei jedem kleinen Fleck auf der Haut, bei jedem Husten denke ich sofort daran. Ich habe es akzeptiert, dass meine Lebenserwartung geringer ist als normal. Ich habe keine Angst vor dem Tod, aber ich fürchte die Krankheit.

Als ich mich vor vier Jahren einmal untersuchen ließ, wurde festgestellt, dass ich unfruchtbar bin. Mich hat es traurig gemacht. Media und ich hätten gern Kinder gehabt, aber wir hatten beide Angst vor den Folgen. Viele Kinder von Golfkriegsveteranen sind missgebildet. Ihre Schädel wachsen nicht zusammen, sie werden ohne Füße oder Hände geboren. Ich sagte mir, ich möchte kein Kind in die Welt bringen, das leiden muss. Ich versuche mit dem Handicap zu leben, wie ich mit allen anderen Symptomen zu leben versuche. Aber ich darf nicht zu intensiv darüber nachdenken, dann bricht alles zusammen wie ein Kartenhaus.

Berlin, Deutschland

Als ich nach Berlin zu Media zog, brachte ich nichts mit als meinen unbedingten Willen, es im zivilen Leben zu schaffen. Der Anfang war die Hölle. In den ersten Tagen und Wochen kam ich mir absolut wertlos vor, meine Selbstachtung sank in den Keller. Ich sagte mir immer: »Ich war Sergeant.« Doch Sergeant bedeutete niemandem da draußen irgendwas. Jetzt war ich nur noch ein normaler Zivilist. Und ich hatte nichts gelernt, außer Soldat zu sein. Es war eine bittere Zeit.

Als Sergeant hatte ich zuletzt 1500 Dollar verdient. Gespart hatte ich nichts. Aber ich ließ den Kopf nicht hängen. Da ich nicht wusste, wo ich arbeiten sollte, wandte ich mich zuerst an die Army und bekam einen Job als Schmuckverkäufer im PX-Store, dem Supermarkt für die US-Soldaten, für drei Dollar die Stunde. Das war ein Fehler, denn dort kamen auch Soldaten zum Einkaufen, die unter mir gedient hatten. Die machten sich natürlich über mich lustig: »Sergeant Kuhn, eine supergeile Karriere hast du geschafft.« Ich hielt es gerade zwei Wochen in dem Laden aus.

Dann arbeitete ich für ein Bauunternehmen, einen Reinigungsbetrieb und kam schließlich zu einem Sicherheitsdienst. Diese Firma gehörte einem stadtbekannten Unterweltler. Davon ahnte ich nichts. Im Unterschied zu meinen Kollegen hatte ich keine Angst vor dem Boss, weil ich nicht wusste, wer er wirklich war. Als es mir nach fünf Monaten endlich dämmerte,

Barkeeper, einer der vielen Jobs nach der Army.

hörte ich sofort auf. Mit der Unterwelt wollte ich nichts zu schaffen haben.

In den folgenden Jahren hatte ich oft zwei oder drei Jobs gleichzeitig. Von vier bis zehn machte ich Security am Flughafen Tegel, von zwölf bis sechs verkaufte ich Versicherungen für die Hamburg-Mannheimer, abends war ich Türsteher bei diversen Techno-Klubs. Die Arbeit drängte auch meine Krankheit in den Hintergrund. Wenn du viel arbeitest, hast du gar keine Zeit mehr, krank zu sein. Besser gesagt, die Krankheit richtig wahrzunehmen.

Nach und nach bekam ich gute Kontakte in der Klubszene und besonders zu den amerikanischen Bars und Restaurants, in denen ich mich oft herumtrieb, weil ich dort viele Amerikaner traf, ehemalige und aktive Soldaten. Ich habe im Laufe der Zeit für alle diese Läden gearbeitet, fürs »TG Friday's«, das »Hard Rock Café« und »Picker's Sports Bar«. Ich war Kellner, Barkeeper, Türsteher. Außerdem arbeitete ich als Fahrer oder Begleiter für Billy Joel, BB King, Heroes del Silencio oder die Hooters.

Beim MTV Music Award 1993 am Brandenburger Tor, den das »Hard Rock Café« sponsorte, habe ich für die Sicherheit gesorgt. Dort habe ich sie alle kennen gelernt: Herbert Grönemeyer, Prince, George Michael, Jean-Paul Gaultier, Naomi Campbell, Björk. Am besten gefiel mir Tom Jones, mit dem konnte man sich ganz normal unterhalten. Jeder neue Job brachte neue Kontakte. Langsam fasste ich Fuß in Berlin, jedenfalls finanziell.

Weil ich zunehmend besser verdiente, konnten wir uns bald eine schöne Wohnung leisten. Media arbeitete wie ich bis in die Nacht, und so gingen wir oft nach der Arbeit noch aus. Ich habe mit dem Geld damals um mich geschmissen. Vier- bis fünfmal im Jahr fuhren wir in Urlaub, in die Türkei, nach Irland, nach Amerika. Es war schön mit Media. Aber ich hatte kein rechtes Ziel mehr im Leben. Es war letztlich egal, was ich machte, ich lebte so dahin.

Damals stand ich in dem Ruf, ein echter Hardcore-Soldat zu sein. Einer, den niemand verarscht. Deshalb bekam ich immer mehr Jobs als Rausschmeißer und Türsteher. Anfangs hatte ich gar nicht bemerkt, wie nervös ich inzwischen geworden war, wie reizbar und feindselig. Ich war neidisch auf alle, die fröhlich waren und sorgenfrei aussahen. Meine Toleranzschwelle war extrem niedrig. Wenn einer etwas Falsches sagte, schlug ich zu.

Ich habe viele Menschen zusammengeprügelt. Leute, die besoffen waren. Leute, die Ärger machten oder nicht gehen wollten. Die eine dumme Bemerkung machten. Ich habe sie beim Kopf gepackt und durch die Tür gefeuert. Wer sich wehrte, trug mehr als ein paar blaue Flecken davon. Mich musste nur einer antippen, dann kochte ich über. Ich sah rot, und hinterher lagen einige Leute am Boden. Ich war wie dieser Typ in »Taxi Driver«. Mir war bewusst, dass ich immer wieder Menschen ohne richtigen Grund verletzte, aber ich wusste nicht, was ich dagegen tun sollte. Die Wut in mir brach sich einfach Bahn. Manchmal dachte ich, es könnte mit diesem Gefühl der Leere in mir zu tun haben.

Mit den Chefs der Klubs bekam ich damals nie Ärger, denn die fanden es gut, wenn einer eine klare Linie fuhr. In meinen damaligen Kreisen hieß es, Steve ist der Härteste, den man kriegen kann. Die reden heute noch darüber, was ich so anstellte. Wenn ich loslegte, brüllte ich erst und machte die Typen dann fertig. Einmal habe ich drei Leute gleichzeitig gepackt und rausgeworfen.

Mit der Zeit wurde ich gefährlich. Ich bin ausgerastet. Verlor die Kontrolle. Ich hatte Blackouts. Nach jeder Schlägerei war ich leer, ausgepumpt, und meine Opfer taten mir Leid. Meiner Frau machte das Angst. Sie sagte: »Halt dich mal ein bisschen zurück.« Aber ich war auf diesem Ohr taub. Ich sagte: »Lass mal, wenigstens traut sich niemand an uns ran.«

Dann lernte ich 1994 als Kellner im »TG Friday's« einen anderen Golfkriegsveteranen kennen. Paul war ein Ex-Soldat wie ich, lief aber weiter mit dem Jarhead-Schnitt herum. Er war bei den Special Rangers gewesen, einer Einheit der ganz Harten. Er musste allein in den Irak gehen, sich dort tagelang verstecken und Berichte über irakische Stellungen abgeben. Er hatte auch in Berlin immer eine 357er Magnum in der Tasche, obwohl das total illegal war.

Paul wusste viel über das Golfkriegssyndrom. Er sagte, das sei eine echte Krankheit, nicht nur ein Gerücht. Er sagte auch, dass er schwere Psycho-Probleme habe, er sprach von unkontrollierten Wutausbrüchen. Er sei deshalb bei einem Psychiater gewesen. Der habe ihm Drogen verabreicht, aber richtig helfen würden sie nicht. Ich dachte, was erzählt der da? Das klingt, als würde er nicht über sich, sondern über mich reden! Ein Schreck fuhr mir in die Glieder, der mich zittern ließ. Aber ich wusste nicht, was ich tun sollte.

Nach ein paar Monaten bekam ich das Gefühl, dass Paul sich immer mehr von der Realität entfernte. Er behauptete, die CIA sei hinter ihm her und solche Sachen. Ich dachte irgendwann, der hat eine echte Macke. Das beruhigte mich ein bisschen. Dann verschwand er. Jahre später rief mich aus Florida sein Arzt an, dem Paul aus unerfindlichen Gründen meine Nummer genannt hatte. Der Arzt fragte, ob ich etwas über Paul und das Golfkriegssyndrom wüsste. Was das bedeutete, wollte er mir nicht erklären.

Wenig später hörte ich dann von einem Bekannten, dass Paul in den Staaten neu geheiratet hatte und seine Frau und zwei Kinder mit einer Schrotflinte ermordet haben soll. Das hat mich total schockiert. Ich dachte, mein Gott, wärst du auch dazu fähig? Es ist beängstigend. Inzwischen sind ja weitere Golfkriegsveteranen ausgerastet und haben ihre Frauen oder andere Leute umgebracht. Einer wurde kurz vor dem neuen Krieg hingerichtet.

Ich hatte Pauls Erzählungen schon fast vergessen, als etwas geschah, das schlagartig meine Befürchtungen bestätigte. In einer Bar, in der ich arbeitete, geriet ich mit einem anderen Mitarbeiter wegen einer Kleinigkeit in Streit. Der Typ beleidigte mich und wollte gerade gehen, als ich mit einem Satz hinter ihm herrannte, auf ihn lossprang und völlig außer Kontrolle geriet. Meine Kollegen sagten später, fünf Kellner und Barkeeper hätten versucht, mich zu stoppen und es nicht vermocht. Ich habe keine Erinnerung daran. Als ich wieder zu mir kam, sah ich, was ich angerichtet hatte. Der Mann war schwer verletzt. Mein Chef kündigte mir auf der Stelle.

Ich fühlte mich so mies wie noch nie in meinem Leben. Ohne einen klaren Gedanken fassen zu können, lief ich durch die nächtliche Stadt. Ich ging nach Hause und dachte, ich bin am Endpunkt. Ich schämte mich, wie ich mich noch nie geschämt hatte. Ich begann zu zittern. Ich weinte. Ich sah mich wie eine andere Person, und alles, was mir wichtig war im Leben, spielte plötzlich keine Rolle mehr. Ich erlebte einen totalen körperlichen und psychischen Zusammenbruch.

Ich kann mich an diese Zeit im Sommer 1996 kaum erinnern. Es gab Momente, in denen meine Frau verzweifelt mit mir redete, während ich die Szene wie von oben betrachtete und mich selbst als ein seelenloses Wesen sah. So war ich: gefühllos, seelenlos, apathisch. Es war mir egal, ob ich lebe oder sterbe. Am dritten Tag wollte ich mir das Leben nehmen. Mein Körper machte Dinge, die ich nicht mehr unter Kontrolle hatte. Es war ein herrlicher Tag, ich ging in den Tiergarten, wo viele Leute sich sonnten, zog mich nackt aus und begann laut zu beten.

Ich wachte auf, die Sonne war weg wie auch alle Leute, und ich wusste nicht mehr, warum ich dort war.

Meine Frau half mir. Sie redete mit mir. Sie nahm mich in den Arm. Tagelang verließ ich die Wohnung nicht mehr. Ich war wie ausgebrannt. Sie hörte mir zu. Ich redete über meine Angst. Erstmals zeigte ich ihr eine Seite, die sie nicht kannte. Media sagte: »Nimm dir ein paar Tage für dich, du schaffst es schon.« Sie hat in diesen Tagen für mich gekocht, hat einfach für mich gesorgt. Das werde ich ihr nie vergessen. Mir wurde klar, dass sich etwas ändern musste, wenn ich überleben wollte, aber ich wusste nicht was.

Media hatte eine Idee. Sie sagte: »Steve, du musst dich im Innern wandeln. Vielleicht kannst du lernen, anderen Menschen zuzuhören.« Mit zwei Freundinnen dachte sie sich ein Programm aus, um mich Toleranz zu lehren. Sie haben mich mit Menschen zusammengebracht, mit denen ich sonst im Traum nicht geredet hätte. Leute, die so ungefähr das Gegenteil eines Hardcore-Soldaten sind.

Media zwang mich, Schwulenbars und ähnliche Lokale aufzusuchen und wollte, dass ich mit Transen und Schwulen rede. Schwule waren in der Army das Letzte. Auswurf. Dreck. Aber die Wirkung ihres Reha-Programms war verblüffend – es hat funktioniert. Ich merkte, das sind ganz normale Leute – vielleicht nicht ganz normal –, aber auf jeden Fall Leute, mit denen man viel Spaß haben kann. Es war richtig cool. Heute habe ich viele Freunde in dieser Szene, da würdest du nie denken, dass es Männer sind.

Dann führten Media und andere meiner deutschen Freunde lange Gespräche mit mir. Sie lehrten mich, Dinge von verschiedenen Seiten zu sehen. Sie brachten mir bei, über meine Gefühle zu reden, anders und echter, als ich es je getan hatte; auch über Dinge, über die ich früher nie geredet hätte. Mein ganzes Denken weitete sich. Ich bin offener geworden. Vorher war ich engstirnig und sah meist nur einen Weg, auf eine Situation zu reagieren. Plötzlich konnte ich jede Menge Möglichkeiten erkennen.

Ich begann zu verstehen, woher mein Zorn rühren könnte. Ich begann, meine Wut zu zähmen. Wenn ich jetzt mit jemandem rede und ich mag ihn nicht, dann werde ich nicht mehr aggressiv, sondern ich überlege: Wieso ist das so? Wenn ich ein Vorurteil erkenne, versuche ich, es zu überwinden. Ich verurteile niemanden mehr, sondern bemühe mich, die Menschen so zu nehmen, wie sie sind.

Mein Bruder Scott staunt nur noch über mich. Die Wut in mir ist nicht verschwunden, aber sie überwältigt mich nicht mehr. Ich habe gelernt, sie zu kontrollieren. Seit sieben Jahren habe ich mich nicht mehr geprügelt. Wenn ich heute daran denke, sage ich, es war ein Wunder. Ein Wunder, das ich Media verdanke. In gewisser Hinsicht hat sie mir das Leben gerettet.

Inzwischen habe ich meine neue Einstellung auch auf meine Arbeit übertragen. Bei der Army nahm ich es persönlich, wenn jemand in meinem Team etwas falsch machte. Jetzt frage ich mich zuerst: Habe ich etwas falsch rübergebracht? Ist es vielleicht eher meine Schuld als die der anderen? Bisher fahre ich sehr gut damit. Ich lerne Leute kennen, die ich sonst nie kennen gelernt hätte. Ich laufe mit einem Lächeln durch die Gegend. Ich sage immer: Die Army hat mich zum Mann, aber Deutschland hat mich zum Menschen gemacht.

Seitdem ich über all diese Dinge nachdenke, lebe ich sehr viel bewusster. Alles, was ich tue, jeden Blick, den ich werfe, überprüfe ich. Bei plötzlichen Ereignissen halte ich eine Millisekunde inne, bevor ich reagiere. Ich weiß, dass die Wut nicht verschwunden ist, sie ist in mir drin, ich habe nur gelernt, sie zu beherrschen. Ich passe genau auf. Ich merke es immer beim Autofahren, wenn ich anfange, bei der kleinsten Kleinigkeit zu fluchen. Dann gehe ich sofort trainieren. Ich lasse meine Wut im Fitnessraum raus. Ich mache mich kaputt, da gebe ich alles, was ich habe.

Langsam, ganz langsam begann ich damals, wieder Boden unter die Füße zu bekommen. Zusammen mit meiner Frau und meinem Schwager machte ich eine Coctailbar auf, die ganz auf Amerika getrimmt war, mit amerikanischen Fahnen und amerikanischem Bier. Wir hatten Erfolg. Es kamen viele Marines, Leute von der amerikanischen Botschaft, aber auch Touristen. Mir hat es immer Spaß gemacht, dort hinter dem Tresen zu stehen. Als Barkeeper mußt Du mit den Gästen reden. Vor allem musst du zuhören, Geduld mit ihnen haben. Ich hatte ein Schild an die Wand gehängt: »Keine Schlägereien in meiner Bar« – vor

Steven Kuhn als Begleiter der Schauspielerin Pamela Anderson, die sich für dieses Foto extra auf einen Hocker stellte.

Als Fahrer und Bodyguard für die Rolling-Stones-Musiker
Mick Jagger und Ron Wood in Berlin 1998.

allem für mich selbst. Es hat nie eine Schlägerei gegeben. Nicht ein einziges Mal.

Als Barbesitzer lernte ich bald alle Leute kennen, die Rang und Namen in der Berliner Gastronomie haben. Leute kennen zu lernen, das ist für mich wie Gold. Ich pflege die Kontakte, und irgendwann zahlen sie sich aus. So wurde ich beispielsweise an eine Firma vermittelt, die Bodyguard-Fahrer suchte; für die habe ich Prominente betreut wie Pamela Anderson. Sie war total verliebt in Mick Jagger und nannte sogar ihren Sohn Mick. Ich begleitete sie zum Stones-Konzert 1998 in der Waldbühne. Dort drückte sie mir einen Zettel mit ihrer Telefonnummer in die Hand, den ich Mick Jagger geben sollte. Ich kriegte das auch geregelt, aber sie dankte es mir nicht, sie war total arrogant.

Wie es der Zufall wollte, engagierte mich die Firma anschließend als Fahrer für Mick Jagger. Ich habe den Stones-Boss zehn Tage lang durch Deutschland kutschiert, wo er verschiedene Konzerte gab. Er nannte mich mit konstanter Bösartigkeit oder Vergesslichkeit »Martin«, obwohl ich ihm jeden Tag ein paarmal sagte: »Ich heiße Steve«. Jagger bestand im Grunde aus zwei verschiedenen Personen. Wenn er aus dem 500er Mercedes stieg, war er Mick Jagger, wie man ihn kennt, ließ den Coolen raushängen und machte diese seltsamen Lippenbewegungen.

Privat wirkte er völlig verängstigt. Er saß im Auto immer mit den Händen unter den Oberschenkeln, zusammengekauert, sein Gesicht total ausdruckslos. Wenn ich so lange berühmt wäre wie er, hätte ich wahrscheinlich auch eine Angstpsychose.

Außer Jagger fuhr ich damals auch Ron Wood, den Gitarristen der Stones. Er war ein guter Typ, englische Arbeiterklasse, wir verstanden uns auf Anhieb. Seine Frau begleitete ihn meistens und hatte immer ein Sixpack Guinness dabei. Er trank das Zeug, wo er stand und ging. Er klaute sich aus den Hotelbars irgendwelche Gläser und füllte sein Bier rein. Am Schluss fragte ich ihn, ob ich ein Foto mit ihm haben könnte, und er sagte: »Klar Kumpel.« Dann drückte er sich an mich, wie man es auf dem Bild sieht, total lustig.

Zu jener Zeit litt ich wieder stark unter der Migräne. Nach jedem Anfall brauchte ich ein bis zwei Tage, um auf die Beine zu kommen. Warfen mich die Kopfschmerzen aufs Sofa, hatte ich aber zu viel Zeit zum Grübeln. Ich zähmte zwar meine Aggressionen, doch ich schaffte es nie, wirklich zufrieden zu sein. Media spürte, dass ich eine Aufgabe brauchte. Eines Tages überraschte sie mich. Ich lag wie immer auf dem Sofa und guckte Fernsehen, als sie ins Zimmer kam, mir einen Zettel hinhielt und sagte: »Unterschreib!«

Ohne hinzuschauen, unterzeichnete ich. Mit dieser Unterschrift begann mein eigentliches ziviles Berufsleben. Damals wurde ich als Verkaufsleiter bei einer Fitness-Studio-Kette eingestellt. Von da an ging es steil bergauf. Nach einem Monat war ich Chef einer Filiale, ein paar Monate später schon Verkaufsleiter für ganz Westdeutschland. Ich hatte Glück, aber ich tat auch etwas dafür. Man kann das Schicksal nicht vorhersagen. Aber man steuert es mithilfe der Leute, die man kennt.

Nach zwei Jahren warb mich eine andere, luxuriösere Fitness-Kette ab. Dort wurde ich Manager und baute ihre Dependancen in Berlin und Wien auf. In meiner Arbeit fand ich einen neuen Sinn im Leben. Ich wollte ein guter Manager werden. Ich schuftete Tag und Nacht. Und ich stellte fest, dass sich meine Erfahrungen aus der Army bezahlt machten: Menschenführung, Teamgeist, die Konzentration auf das Wesentliche. Ich musste oft an Sergeant Major Eckert denken. Er sagte immer: »Sergeant Kuhn, niemals nachlassen beim Verfolgen des Ziels.«

Steven Kuhn als Manager einer Fitness-Kette in seinem Berliner Büro im Sommer 2002.

Ich machte mich unentbehrlich, und bald verdiente ich in einem Jahr bei dieser Firma so viel wie in zehn Jahren bei der Army. Schließlich wechselte ich zu einem Tochter-Unternehmen, dessen Zentrale sich in Chicago befand. Als Entwicklungs- und Planungsmanager betreute ich für sie ganz Europa. Eines Tages im August 2002 überredete ich meinen Chicagoer Chef, mir für ein Wochenende sein Luxusapartment zu überlassen. Für einen ganz besonderen Zweck.

Als Jeff Hanson 1994 Frau und Kind verließ und einfach verschwand, hatte ich mir zunächst noch nicht so viele Gedanken gemacht. Ich wusste, dass seine Ehe schon lange morsch war. Er ist wohl ausgerissen, hat es nicht mehr ausgehalten, dachte ich. Es war nicht schön, aber zunächst fand ich mich damit ab, dass er weg war. Freundschaft heißt für mich nicht, dass man dauernd aufeinander hockt. Freundschaft ist, wenn man sich nach einem Jahr wiedersieht, und es ist alles vertraut wie immer.

Nach einem Jahr ohne ein Zeichen von ihm war ich überhaupt noch nicht beunruhigt, auch nach zwei Jahren nicht. Aber als ich nach drei Jahren immer noch nichts von ihm gehört hatte, begann ich, mir langsam Sorgen zu machen. 1998 beauftragte ich eine professionelle Detektei, Jeff Hanson zu suchen. Die befragten sämtliche alten Freunde, Nachbarn und Bekannten, und schließlich, nach ein paar Monaten, fanden sie ihn. Er lebte wieder in Amerika, im Mittleren Westen.

Ich rief ihn an: »Jeff, warum hast du dich nie gemeldet?« Er sagte: »Sorry, Steve, ich liebe dich, aber ich konnte es einfach nicht.« Wir wollten uns verabreden, aber dazu kam es nicht, denn ich hatte zu viel zu tun. Als ich ihn nach einiger Zeit wieder anrief, stimmte seine Nummer nicht mehr. Erneut ließ ich ihn suchen, wieder wurde er aufgespürt. Jetzt lebte er in Fargo in North Dakota. Am Arsch der Welt. Das war im Mai 2002. Und diesmal ließ ich die Gelegenheit nicht verstreichen.

Ich hängte mich ans Telefon und sagte: »Jeff, ich bin am Wochenende in Chicago, ich lade dich ein.« Ich habe ihn dann am Flughafen erwartet. Fast wäre er nicht gekommen, denn sein Flugzeug wurde von einem Blitz getroffen. Dann trat er endlich durch die Sperre. Neun Jahre hatten wir uns nicht gesehen. Wir waren so froh, als wir uns in die Arme fielen. Es war Wahnsinn. Ich sagte: »Schön, dich zu sehen.« Er sagte: »Hab' dich vermisst, Steve.« Wir standen ein paar Minuten einfach so da und redeten nicht viel. Wir schauten uns an. Ich sagte: »Mensch Jeff, du bist ein starker Mann geworden!« Er hatte gut zugelegt. Und er: »Steve, du bist der Einzige, der noch genauso aussieht wie damals.« Wir lachten, flachsten herum, es war fast wie in alten Zeiten.

Ich hatte eine Überraschung für ihn vorbereitet, hatte eine große Stretch-Limousine gemietet mit allem Drum und Dran, CD-Spieler, Getränke, Fernseher. Jeff hat natürlich Augen gemacht. Wir sind erst mal eine Zeit lang durch Chicago gegondelt, und dann sind wir in das riesige Apartment meines Chefs gegangen, im 31. Stock mit einem fantastischen Blick über die gesamte Stadt. Wir bestellten Essen beim Chinesen und redeten. Drei Tage ließen wir es uns gut gehen.

Nun erst erfuhr ich seine ganze Geschichte. Jeff hatte seine deutsche Frau verlassen, weil er in Gelnhausen einfach nicht mehr zurechtkam. Er fühlte sich in der Kleinstadt und in der Ehe irgendwie eingesperrt. In Amerika schlug er sich mühsam durch und kämpfte weiter für seine Entschädigung. Schließlich wurde er als Golfkriegsgeschädigter anerkannt. Jeff ist jetzt zu

Mit seinem Freund Jeff Hanson im Sommer 2002 in Chicago.

fünfzig Prozent schwerbehindert und erhält eine entsprechende Rente. Aber es sind gerade fünfhundert Dollar im Monat!

Ich fragte ihn: »Was hat der Kampf gebracht, Jeff?« Er sagte: »Ich habe es nicht wegen des Geldes, sondern wegen meiner Würde getan.« Bitter fügte er hinzu: »Aber meine Gesundheit gibt mir niemand zurück.« Er kommt nicht damit klar, was mit ihm geschieht. Er kann sich wegen der Gelenkschmerzen kaum noch bewegen, ist müde geworden und depressiv. Er war immer der Witzige, Gutaussehende, der Frauenschwarm, und jetzt ist er dick und krank. Zum Glück hat er eine neue Frau gefunden. Sie ist Soldatin und versucht, neue Rekruten zu gewinnen. Jeff sagte, er liebe sie über alles: »Ich brauche keinen Urlaub, muss nicht ausgehen, es reicht mir, mit ihr zusammenzusein.«

Schließlich fuhr ich ihn zum Flughafen. Als wir uns zum Abschied umarmten, machte Jeff einen seiner früheren Späße: »Steve, versprich mir, dass du nicht wieder verschwindest. Nochmal verlieren wir uns nicht aus den Augen!«

Damals hatte ich permanent in Amerika zu tun. Mir machte der Job riesigen Spaß, denn wir bereiteten uns darauf vor, den europäischen Fitnessmarkt aufzurollen. Ich schuftete wie ein Irrer. Immer härter, weiter, schneller. Steven Kuhn war wieder ein Vorzeigesoldat, diesmal an der geschäftlichen Front. Aber die vielen Dienstreisen taten meiner Beziehung zu Media nicht gerade gut. Drei Jahre war ich ständig auf Achse, sie kriegte mich kaum noch zu Gesicht. Selbst wenn ich in Berlin war, hatte ich kaum Zeit für meine Frau. Und wieder kam ich an einen Umkehrpunkt.

Im Sommer 2002 hatte Media einen schweren Unfall und musste lange ins Krankenhaus. Als es passierte, war ich gerade in Chicago. Ahnungslos. Mich hatte niemand informiert, weil keiner außer Media wusste, wo ich mich aufhielt. Ich konnte sie telefonisch nicht erreichen, fragte mich durch und erfuhr schließlich, was geschehen war. Die Nachricht traf mich wie ein Keulenschlag. Als Media mich am meisten brauchte, war ich nicht für sie da! Ich war unglaublich traurig und wütend. Wieder hast du versagt, dachte ich.

Sofort nahm ich das nächste Flugzeug und flog nach Berlin. Dann saß ich an ihrem Krankenbett, ich schaute sie an, mir kamen die Tränen, und mit einem Mal wurde mir klar, dass es Wichtigeres gab im Leben als meine Arbeit und das Geld. Damals wollte mich mein Chef mit einem gut dotierten Vertrag nach London schicken, was für mich bedeutet hätte, nur am Wochenende nach Berlin kommen zu können. Ich wollte aber für Media da sein. Im Krankenhaus erkannte ich, dass ich so nicht länger leben wollte. Bald darauf löste ich den Vertrag mit der Fitnessfirma.

Ich hatte wie ein Blöder geschuftet, weil ich hoffte, die Arbeit würde die Leere in mir füllen, aber als ich jetzt darüber nachdachte, wurde mir klar, dass das nicht stimmte. Es hat sie nur überdeckt. Ich begriff, dass Geld Beziehungen zerstört. Geld ist kalt. Ich konnte nie besonders gut damit umgehen. Aber ich hatte genug gespart, um eine Pause einzulegen. Ich stellte mir die Aufgabe, im Fernstudium ein Manager-Examen zu schaffen. Vor allem aber wollte ich mir endlich darüber klar werden, was eigentlich mit mir passiert ist, damals am Golf.

Seit dem Krieg ist kein Tag vergangen, an dem ich nicht an den Krieg gedacht habe. An meine Angst. An die Scham. Die Schuldgefühle. An die paar Kilometer, die damals bis Basra fehlten.

Ich begann, mir Notizen für dieses Buch zu machen. Es hat

lange gedauert, bis ich mir eingestehen konnte, dass ich nach dem Krieg nicht mehr der gleiche war wie vorher. Wie sehr der Krieg mich wirklich verstört hat, habe ich eigentlich erst jetzt begriffen. Ich hatte viele Türen in meiner Psyche dichtgemacht und Ereignisse wie den Tod von Sergeant Dillon komplett weggesperrt.

Es brauchte Jahre, die Türen ein wenig zu öffnen. Als ich mit der Arbeit an diesem Buch dann richtig anfing, gingen sie ein Stück weiter auf. Mir fielen Szenen und Ereignisse wieder ein, die ich völlig vergessen hatte. Ich erinnerte mich an Gefühle, die ich verdrängt, versteckt, vergraben hatte.

Genau in diesem Moment begann der neue Krieg am Golf.

Kaum liefen die ersten Bilder aus dem Irak im Fernsehen, da wurde alles mit Wucht aufgerissen: die verschlossenen inneren Räume, die alten Wunden. Ich zitterte, ich bekam Atemnot, ich fühlte eine wachsende Verzweiflung in mir. Vier Tage lang habe ich so gut wie gar nicht geschlafen, sondern nur vor dem Fernseher gesessen. Mein erster Impuls war mitzuhelfen, Saddam zu verjagen. Den Job zu Ende zu bringen. Deshalb habe ich mich als Reservist gemeldet.

Dann bekam ich Angst um die jungen Soldaten. Natürlich stehe ich hinter ihnen, sie sind ja meine Kameraden. Ich bin kein Pazifist. Krieg ist manchmal nicht zu vermeiden. Aber Krieg ist immer böse. Niemand kommt da unbeschädigt raus, egal ob er durch eine Kugel oder psychisch verletzt wird. Ich hatte immerhin eine starke Psyche und das Glück, eine Frau und Freunde zu besitzen, die sich anschließend um mich sorgten. Aber was ist mit all den jungen Kerlen, die demnächst zurückkehren, und niemand fängt sie auf?

Vor allem musste ich an die Kinder denken. Es tut mir leid um jeden einzelnen Menschen, der im Irak verletzt oder getötet wird. Die Bilder verwundeter Kinder kann ich am schwersten ertragen. Ich verabscheue diesen Krieg.

Ich habe sofort mit Jeff Hanson telefoniert. Er war ebenso aufgewühlt wie ich. »Ich habe die Bilder von Basra im Kopf«, sagte er. »Saddam muss weg, die Zivilisten müssen geschützt werden, aber wir müssen dort aufräumen.« Daran denkt er. Jeff hat immer noch diese Wut in sich. Ich kann das gut verstehen.

Ich telefonierte mit dem Hauptmann der Kompanie, mit der

ich die »Canadian Army Trophy« gewonnen hatte. Er sagte, ich solle mich beruhigen, ich bräuchte nichts mehr zu beweisen. Aber darum ging es mir gar nicht. Es ging mir darum, dieses Loch zu füllen. Dieses verdammte Loch in meinem Leben, dass der Krieg gerissen hat.

Ich sprach mit Veteranen. Die sagten: »Was hast du schon mitgemacht. Vietnam war viel schlimmer.« Mag sein. Aber es ist das Schlimmste, was ich je erlebt habe. Wer einen schweren Unfall hat, wird davon auch sein Leben lang gepeinigt. Ich möchte mir gar nicht vorstellen, dass es noch schlimmer sein kann.

Als ich etwas ruhiger wurde, kam ich zum Nachdenken. Viele meiner deutschen Freunde sind gegen den Krieg. Hier in Deutschland bekommst du andere Informationen als in Amerika. Es ist wichtig, auch die Kritik wahrzunehmen. Ich dachte, unsere Soldaten kämpfen da unten, aber sie wissen gar nicht, was im Hintergrund abläuft. Sie sind hochmotiviert, aber sie kennen nur einen kleinen Ausschnitt des Bildes. Genau wie wir damals. Du hast deine Crew, deine Männer, deine kleine Einheit, und siehst nur, was direkt vor dir liegt. Die Politik bekümmert dich nicht. Aber wenn der Krieg vorbei ist, und du erfährst die Hintergründe, dann betrifft es dich eben doch. Dann hast du ein Problem.

Wenn du aber Probleme bekommst, lässt dich die Army fallen. Man muss sich nur mal die Veteranen vom Zweiten Weltkrieg, aus Korea oder Vietnam angucken. Die Army ist eben kein Sozialverein. Viele sind deswegen zornig, ich nicht mehr. Irgendwann hat sich das gelöst. Die Bitterkeit ist verflogen. Meine Lebenserwartung ist zwar geringer geworden, aber ich kann glücklich sein, überlebt zu haben. Und wenn man es genau nimmt, habe ich eigentlich ein schönes Leben.

Trotz allem, was geschehen ist, bin ich der Army noch immer dankbar. Welche zivile Organisation kann Leuten, die eine Mission im Leben suchen und die Zugehörigkeit zu einer Gruppe, auch nur annähernd etwas Vergleichba-res bieten? Wo sonst gibt es das, dass der Typ neben dir für dich stirbt? Meine Erkennungsmarken aus dem Golfkrieg trage ich noch immer um den Hals. Aber ich würde jedem, der zur Army will, raten, sich vorher gut zu informieren, nicht nur die coole Uniform und die gute

Seite zu sehen, sondern sich auch die schreckliche Seite anzugucken.

Ich klinkte mich ein ins Internet. Viele Veteranen sind jetzt äußerst erregt, Tausende von Mails werden täglich ausgetauscht. Die meisten Ehemaligen geben sich taff, diskutieren die militärische Strategie und wie viele Panzer man einsetzen sollte. »Wir machen die platt«, in dem Stil geht das. Es wird auch viel gegen die Muslime gewettert.

Aber wie schwer ist es, jemanden zu finden, der so denkt wie ich! Nur wenige lassen Zweifel daran zu, dass dieser Krieg gerecht ist. Ein Vietnam-Veteran aus Florida schrieb in einem Forum, er verstehe all die harten Sprüche nicht: »Leute, denkt an Vietnam. Ging es jemals um die Menschen? Es geht immer nur um die Politik, das solltet ihr euch vor Augen halten.« Er schrieb auch, es sei die Ignoranz vieler Soldaten, nur das zu glauben, was sie motiviert. Aber wenn du erstmal Zweifel zulässt, kannst du eben kein sterlingsilberner Soldat mehr sein.

Ich gehe jetzt zu Veranstaltungen und spreche darüber, was der Krieg mit mir gemacht hat. Ich war von Anfang an gegen den neuen Krieg, aber seit ich im Fernsehen aufgetreten bin, habe ich auch den Mut, das offen auszusprechen. Ich habe zwar Angst, man könnte denken, ich sei gegen mein Land und meine Leute. Ich habe Angst, meine Mutter und meinen Bruder zu enttäuschen, die ein anderes Bild von mir haben. Aber ich habe nun mal meine Zweifel. Meine deutschen Freunde stärken mir den Rücken. Media hat gesagt: »Steve, ich bin sehr stolz auf dich. Du sagst deine Meinung, ohne dich zu verkaufen.«

Durch das ganze Reden fand ich einen neuen Standpunkt. Ich habe kein Interesse mehr, nur für mich selbst zu leben oder nur für mein Land. Mehr und mehr glaube ich, dass der Sinn in meinem Leben darin liegt, anderen Menschen zu helfen. Wenn man so will, der Menschheit.

Ich denke immer wieder an das schwer verletzte Mädchen aus Basra mit den leuchtenden Augen. Nach dem Krieg möchte ich für eine Hilfsorganisation arbeiten. Im Irak. Für die Kinder. Ich halte es für meine Pflicht, meinen verdammten Job dort unten zu Ende zu bringen. Als Mensch. Und mit friedlichen Mitteln.

Von Krieg zu Krieg – Eine Chronik

(zusammengestellt von Maria Oehlschlegel)

2.8.1990: Im Anschluß an Auseinandersetzungen über die Erdölförderung im strittigen Grenzgebiet marschieren irakische Truppen in Kuwait ein. Der UN-Sicherheitsrat verlangt tags darauf mit der Resolution 660 den sofortigen Rückzug des Irak.

6.8.1990: Der Irak lehnt den Rückzug aus Kuwait ab. Der Sicherheitsrat verhängt daraufhin ein Wirtschaftsembargo (Resolution 661), die USA organisieren eine Seeblockade und einen Monat später eine Luftblockade des Irak.

8.8.1990: Der Irak annektiert offiziell Kuwait unter Berufung auf historische Ansprüche und erklärt drei Wochen später Kuwait zur neunzehnten irakischen Provinz.

9.8.1990: Im Persischen Golf beginnt ein Flottenaufmarsch unter Beteiligung der USA, Frankreichs, Großbritanniens und der Sowjetunion. In Saudi-Arabien werden amerikanische Bodentruppen stationiert.

15.8.1990: Unter internationalem Druck unterzeichnet der Irak einen Friedensvertrag mit dem Iran, in dem Saddam Hussein alle Forderungen des Irans anerkennt. Damit wird der erste Golfkrieg (1980–1988) beendet.

29.11.1990: Der UN-Sicherheitsrat richtet ein Ultimatum an den Irak, das den Abzug seiner Truppen aus Kuwait bis zum 15.1.1991 fordert, ansonsten drohe Krieg (Resolution 678).

17.1.1991: Nach Ablauf des Ultimatums beginnt der zweite Golfkrieg unter Führung der USA mit heftige Luftangriffen auf irakische Stellungen in Kuwait.

18..1.1991: Der Irak greift Israel mit Scud-Raketen an, die in Tel Aviv, Haifa und dem besetzten Westjordanland einschlagen. Es gelingt den USA, Israel von einem Gegenschlag abzuhalten.

24.2.1991: Am ersten Tag der Bodenoffensive greift die alliierte Streitmacht (insgesamt knapp 700 000 Soldaten) irakische Truppen in Kuwait an und dringt in den Südirak ein. Mit über 3 000 Flugzeugeinsätzen erfolgt der bis dahin größte Luftangriff auf den Irak. Es werden 5 500 irakische Soldaten gefangen genommen.

25.2.1991: Während des zweiten Tages der Bodenoffensive stoßen die multinationalen Truppen bis zum Euphrat vor und erreichen Kuwait-City. Die siebzehnte von insgesamt 38 irakischen Scud-Raketen auf Saudi-Arabien zerbirst über Dhahran. Ihre Trümmer treffen das US-amerikanische Lager Al Khobar, in dem sich Reservisten aus Pennsylvania aufhalten. 28 US-Soldaten werden getötet, fast 100 verletzt.

26.2.1991: Am dritten Tag der Bodenoffensive gelingt es den alliierten Truppen, der Republikanischen Garde den Rückweg in Richtung Norden abzuschneiden. Nach heftigen Kämpfen räumen die irakischen Truppen Kuwait-City und ziehen sich aus dem Land zurück. Im Südwesten des Irak kommt es zu einer großen Panzerschlacht.

27.2.1991: Der vierte Tag der Bodenoffensive bringt die Entscheidung. Insgesamt 100 000 US-amerikanischen, französischen und britischen Soldaten gelingt die Umfassung der irakischen Truppen. In der Nacht erfolgt der Großangriff. Am Ende sind 27 irakische Divisionen zerschlagen oder außer Gefecht gesetzt und 2100 gepanzerte Gefechtsfahrzeuge zerstört.

28.2.1991: Der Irak erkennt alle UN-Resolutionen und Kuwait als selbständigen Staat an. Die Sanktionen werden beibehalten, Reparationszahlungen beschlossen, die Vernichtung von Waffen wird vereinbart.

3.3.1991: Unterzeichnung eines endgültigen Waffenstillstandsabkommens zwischen den alliierten Streitkräften und der irakischen Armee. Den Alliierten mit 680000 Soldaten (darunter 450000 Amerikaner, 34000 Briten, 18000 Franzosen) standen 550000 irakische Kämpfer gegenüber. Insgesamt starben in dem fünfwöchigen Krieg weit über 100000 Menschen. Auf der Seite der Alliierten mußten 343 Soldaten ihr Leben lassen, 500 kehrten verwundet zurück. Auf irakischer Seite starben 110 000 Soldaten, 40000 Zivilisten wurden getötet, 300000 Soldaten verletzt. In Kuwait brennen 950 der 1000 Erdölfelder, die irakische Truppen auf ihrem Rückzug anzündeten.

Mitte März 1991: Die Aufstände der schiitischen Muslime im Süd-Irak und der Kurden im Nord-Irak werden von den Einheiten der Republikanischen Garde blutig niedergeschlagen. Die Alliierten greifen nicht ein.

April 1991: Zum Schutz der Kurden wird nördlich des 36. Breitengrades eine Sicherheitszone unter Aufsicht der Alliierten und der UN errichtet.

8.6.1991: Vor dem Pentagon in Washington findet eine Siegesparade der am Golfkrieg beteiligten Truppen vor 200000 jubelnden Amerikanern statt. Zwei Tage später kommt es in New York zur größten und teuersten Siegesparade seit dem Zweiten Weltkrieg.

August 1991: UN-Kontrolleure stoßen auf chemische Sprengköpfe, Anlagen zur Produktion biologischer Waffen und Einrichtungen zur Herstellung von hochradioaktivem Material. Daraufhin beschließt der UN-Sicherheitsrat im Oktober 1991, die irakische Rüstungsindustrie einer ständigen internationalen Kontrolle zu unterstellen.

12.6.1992: Der Irak verweigert den UN-Inspektoren den Zugang zu seinen Atomanlagen.

August 1992: Südlich des 32. Breitengrades wird zum Schutz der Schiiten eine Flugverbotszone für die irakische Luftwaffe verhängt, die im September 1996 bis zum 33. Breitengrad ausgedehnt wird.

27.5.1993: Mit der Resolution 833 legt der UN-Sicherheitsrat die neue Grenze zwischen dem Irak und Kuwait offiziell fest. Der Irak muß einige Erdölförderstellen an Kuwait abtreten.

1996: Die von der UN verhängten Sanktionen erweisen sich als großes Problem für die Zivilbevölkerung, vor allem die Kinder; die Säuglingssterblichkeit ist von 80 auf 160, die Kindersterblichkeit von 40 auf 198 (pro 1000 Geburten) gestiegen. Die UNO erteilt dem Irak daraufhin die Erlaubnis, eine begrenzte Menge von Erdöl zu exportieren, um für die Einnahmen Nahrungsmittel zu importieren.

1996 sowie 1998/1999:	Zwischenfälle in den Flugverbots- und Schutzzonen führen wiederholt zu US-amerikanischen und britischen Luftangriffen.
29.10.1997:	Die US-amerikanischen Waffeninspektoren werden vom Irak zu unerwünschten Personen erklärt. Daraufhin verlassen auch die meisten anderen UN-Inspektoren das Land. Erst nach russischen Vermittlungen können sie im November ihre Arbeit wieder aufnehmen.
13.1.1998:	Der Irak verweigert den UN-Inspektoren den Zugang zu den Präsidentenpalästen und fordert ultimativ, die Rüstungskontrollen bis Mai 1998 zu beenden.
14.1.1998:	US-Präsident Clinton droht dem Irak mit einem Militärschlag, falls die Inspektoren nicht weiterarbeiten dürfen.
22.2.1998:	UN-Generalsekretär Kofi Annan und Saddam Hussein einigen sich über die Weiterarbeit der UN-Inspektoren unter der Zusicherung, daß die Sanktionen gegen den Irak aufgehoben werden. In der Folgezeit können die Inspektoren ohne Probleme auch die Präsidentenpaläste kontrollieren. Sie finden keine Herstellungsanlagen für Kampfstoffe.
April 1998:	Der UN-Sicherheitsrat beschließt auf Druck der USA, die Sanktionen gegen den Irak nicht aufzuheben.
Juli 1998:	Die Internationale Atomenergiebehörde erklärt in ihrem Abschlußbericht, der Irak habe niemals Nuklearwaffen besessen und sei auch nicht in der Lage, sie herzustellen.

6.8.1998: Saddam Hussein erklärt die Zusammenarbeit mit den UN-Waffeninspektoren für beendet.

16.12.1998: Der Irak blockiert den UN-Inspektoren den Zugang zum Hauptquartier der Baath-Partei. Daraufhin verlassen die Inspektoren das Land.

17.12.1998: Die USA und Großbritannien reagieren mit der »Operation Wüstenfuchs«. In einem viertägigen Bombardement vor allem Bagdads werden etwa 100 Ziele mit 514 Marschflugkörpern attackiert. Es gibt 35 Tote. Im Januar 1999 folgen auch Angriffe auf strategisch wichtige Punkte im Norden und Süden des Landes.

16.12.1999: Der UN-Sicherheitsrat verabschiedet die Resolution 1284, in der die Wiederaufnahme der Waffenkontrolle durch die UNMOVIC (UN Monitoring, Observation, Verification and Inspection Commission) gefordert wird, was der Irak ablehnt, der statt dessen die Aufhebung der Sanktionen verlangt.

16.2.2001: Schwere amerikanische Luftangriffe auf Kommandozentralen und Feuerleitstellen der irakischen Luftabwehr in den Außenbezirken Bagdads.

11.9.2001: Terroranschläge auf das World Trade Center in New York und das Pentagon in Washington. Bei dem Einsturz der Zwillingstürme des World Trade Centers sterben über 3 000 Menschen. Für die Anschläge werden die militant islamistische Organisation Al Qaida und deren Kopf Osama bin Laden verantwortlich gemacht.

7.10.2001: Die USA und Großbritannien beginnen einen Krieg gegen Afghanistan, da sich die herrschenden Taliban weigern, Osama bin Laden auszuliefern. Die Kämpfe werden am 23. Dezember mit der Einsetzung der Interimsregierung unter Hamid Karsai formal beendet.

29.1.2002: Der amerikanische Präsident Georg W. Bush droht Staaten, die den Terrorismus unterstützen, Krieg an.

1.8.2002: In Washington beraten Experten über einen Krieg gegen den Irak, Bundeskanzler Gerhard Schröder spricht sich dagegen aus.

11.8.2002: Der irakische Präsident Saddam Hussein erklärt sich bereit, alle UN-Resolutionen zu erfüllen und die internationalen Waffeninspektoren wieder ins Land zu lassen.

24.9.2002: Großbritannien erklärt sich bereit, mit den USA gegen den Irak in den Krieg zu ziehen. Tony Blair legt ein auf britischen Geheimdienstberichten beruhendes Dossier über eine angebliche Bedrohung von Seiten des Iraks vor. Wie sich wenig später herausstellt, handelt es sich bei mehreren Quellen um veraltete Angaben oder Fälschungen.

1.10.2002: Die Verhandlungen in Wien zwischen der UNO und dem Irak verlaufen erfolgreich. Die irakische Delegation sagt Inspektionen in vollem Umfang auf der Grundlage der bestehenden UN-Resolutionen zu.

4.10.2002: Georg W. Bush erhält vom Repräsentantenhaus die Unterstützung für einen Militärangriff gegen den Irak auch ohne UN-Mandat.

15.10.2002: Der irakische Präsident Saddam Hussein wird mit 100 Prozent der Stimmen für weitere sieben Jahre in seinem Amt bestätigt.

8.11.2002: Im UN-Sicherheitsrat wird die Resolution 1441 verabschiedet. Der Irak wird darin aufgefordert, vorhandene Bestände von chemischen, biologischen und atomaren Waffen sowie Raketen mit einer Reichweite von über 150 km zu vernichten und die Waffeninspektoren aktiv zu unterstützen, ansonsten drohten ihm »ernsthafte Konsequenzen«.

13.11.2002: Zwei Tage vor Ablauf der Frist nimmt der Irak die Resolution des UN-Sicherheitsrates bedingungslos an.

18.11.2002: Die ersten Waffeninspektoren treffen im Irak ein. Die UNMOVIC und die Internationale Atomenergiebehörde nehmen am 27.11.2002 offiziell ihre Arbeit auf.

7.12.2002: Der Irak legt den UN umfangreiche Dokumente zu seinen Waffenprogrammen vor. Chefinspekteur Hans Blix stellt Unzulänglichkeiten in dem Bericht fest, die geklärt werden müssten. Der amerikanische Botschafter John Negroponte sieht in dem Bericht eine schwerwiegende Verletzung der UN-Resolution 1441.

24.12.2002: US-Verteidigungsminister Donald Rumsfeld erteilt den ersten Marschbefehl für 25 000 Soldaten in die Golfregion.

27.01.2003: UN-Chefinspekteur Hans Blix und der Chef der Internationalen Atomenergiebehörde Mohamed El Baradei legen ihre Berichte dem UN-Sicherheitsrat vor. Sie sehen keinen Anlaß für einen Militärschlag und plädieren für eine Weiterarbeit der Inspektoren.

30.1.2003: Dänemark, Großbritannien, Italien, Polen, Portugal, Spanien, Tschechien und Ungarn unterzeichnen eine gemeinsame Erklärung »Europa und Amerika müssen zusammenstehen« und unterstützen den angekündigten Krieg gegen den Irak.

10.2.2003: Deutschland, Frankreich und Rußland geben eine Erklärung zur Irak-Lage ab, in der sie sich für eine friedliche Lösung und die Ausweitung der Waffeninspektionen aussprechen.

14.2.2003: Hans Blix teilt dem Sicherheitsrat mit, daß bisher keine Massenvernichtungswaffen im Irak gefunden worden sind.

15.2.2003: Millionen Menschen demonstrieren weltweit gegen einen bevorstehenden Irak-Krieg.

17.3.2003: USA, Großbritannien und Spanien erhalten im Sicherheitsrat kein UN-Mandat für einen Krieg gegen den Irak. US-Präsident Georg W. Bush fordert Saddam Hussein und seine Söhne ultimativ auf, ihr Land innerhalb von 48 Stunden zu verlassen, ansonsten würde eine »Koalition der Willigen« auch ohne Unterstützung der UNO den Krieg beginnen.

18.3.2003: Der irakische Präsident Saddam Hussein weist die Forderungen der USA zurück.

20.3.2003: Beginn des dritten Golfkrieges. Die USA und Großbritannien werden dabei von Australien und mehreren europäischen Staaten aktiv unterstützt, 45 Länder geben ihre Zustimmung. Die Mehrheit der Staaten lehnt den Waffengang als Bruch des Völkerrechts ab. Überall auf der Welt gehen Millionen von Menschen aus Protest auf die Straße.

Angaben zu den Autoren

Steven E. Kuhn

Jahrgang 1967, nach Abschluß der Highschool in Harrisburg, Pennsylvania, meldet er sich zur US Army, die ihn 1986 nach Gelnhausen bei Frankfurt schickt; 1990/91 Einsatz im Golfkrieg, danach Rückkehr nach Deutschland, wo er sich nach dem Abschied von der Army eine zivile Existenz aufbaut; zunächst verschiedene Jobs als Türsteher, Bodyguard (u.a. für Pamela Anderson und Mick Jagger) sowie als Versicherungsvertreter, 1996 Eröffnung einer eigenen Cocktailbar in Berlin; seit 1998 Manager für verschiedene internationale Fitness-Unternehmen in Wien, Berlin und Chicago; seit 2002 Ausbildung zum Master of Business Administration.

Frank Nordhausen

Jahrgang 1956, Studium der Geschichte, Germanistik und Philosophie in Berlin; bis 1996 freier Journalist und Autor, zahlreiche Beiträge für Spiegel, Stern und Zeit; seit 1996 Reporter der Berliner Zeitung; seit 1999 mehrfache Aufenthalte in Krisengebieten, u.a. 2003 im Irak.

Bücher im Ch. Links Verlag: »Der Sekten-Konzern. Scientology auf dem Vormarsch« (mit Liane v. Billerbeck), 1993; »Satanskinder. Der Mordfall Sandro B.« (mit Liane v. Billerbeck), 1994 und 2001; »Psycho-Sekten. Die Praktiken der Seelenfänger« (unter Mitarbeit von Liane v. Billerbeck), 1997; »Entkommen. Tagebuch eines Überlebenden aus dem Kosovo« (mit Bardhyl Hoti), 2000.